Karin Kalbantner-Wernicke

Die Fünf Elemente
im Leben von Kindern

Karin Kalbantner-Wernicke

Die Fünf Elemente im Leben von Kindern

Spiel-Räume für mehr Lebensenergie

Unter Mitarbeit von
Susanne Löhner-Jokisch,
Bettye-Jo Wray-Fears und Thomas Wernicke

Kösel

ISBN 3-466-30451-2

Druck und Bindung: Kösel, Kempten
Umschlag: Elisabeth Petersen, München
Umschlagmotiv: Bavaria Bildagentur, Gauting
Chinesische Kalligraphien im Stil der Tang-Dynastie
von Liu Yisheng, München

1 2 3 4 5 · 02 01 00 99 98

Inhalt

Da steht ein Baum
mit so vielen Ästen, Zweigen und Blättern.
Wenn dein Sinn bei einem der Blätter einhält,
so kannst du alle übrigen nicht mehr sehen.
Stellen wir uns ohne vorgefasste Meinung
oder gefesselte Aufmerksamkeit dem Baume gegenüber,
so werden wir jedes einzelne seiner Blätter wahrnehmen können.

Takuan

Das Spiel-Räume-Konzept

Spiel-Räume ist ein Konzept, das auf der Lehre von den Fünf Elementen (Wandlungsphasen) basiert und das wir Ihnen mit dem vorliegenden Buch vorstellen möchten. Für ein besseres Verständnis dieser Arbeit mögen Ihnen vorab einige Informationen über die Methoden dienen, die zur Entwicklung von *Spiel-Räume* geführt haben. Die Lehre von den Fünf Wandlungsphasen und somit ein Großteil dieses Buches basieren auf dem Ansatz der östlichen Medizin, die wir als Grundlage und Kern unserer Arbeit betrachten. Aber auch einige westliche Methoden, die ihren Blickpunkt auf den menschlichen Entwicklungsprozess richten, gaben unserem Ansatz die Form und Substanz.

Mein berufliches Wirken als Physiotherapeutin hat in mir das Interesse für dieses Gebiet geweckt. Hier habe ich den Hintergrund und das Wissen über vernetzende Prozesse erhalten, die für die kindliche Entwicklung verantwortlich sind. Aber die westlichen Erklärungsmodelle über die menschliche Entwicklung haben mich nicht genügend zufrieden gestellt.

Ich fuhr nach Japan und verbrachte einige Jahre in diesem Land. Dort begann ich mit dem Studium der Oriental-Medizin und wurde in das Konzept der Lebenskraft, das dort seit über 3000 Jahren studiert und praktiziert wird, eingeführt. Ich erlernte Shiatsu, eine japanische Form der Körperarbeit auf der Grundlage der traditionellen chinesischen Medizin, und begann, diesen energetischen Ansatz in das Wissen der westlichen Physiotherapie zu integrieren. Dies war der Beginn meiner praktischen Arbeit mit den Fünf Wandlungsphasen. Hierdurch veränderte sich grundlegend meine Sichtweise über die Entwicklung des Menschen. Ich war tief berührt von dem Gefühl, dass es da etwas gibt, das alle Rassen, alle Kulturen, ja die gesamte Menschheit miteinander verbindet. Dies war der Moment, in dem die integrative Qualität von *Spiel-Räume* begann.

Meine ständige Suche nach Vertiefung des Verständnisses über die menschliche Entwicklung führte mich zu einigen anderen Methoden, mit denen ich mich intensiver beschäftigte. Nachfolgend mag eine kurze Übersicht jener Methoden, die die Arbeit von *Spiel-Räume* wesentlich mitbestimmt haben, dies veranschaulichen: Die *Psychomotorik* lehrte mich, wie über bestimmte Bewegungen das Gehirn stimuliert und dadurch die kindliche Entwicklung gefördert wird. Die Beschäftigung mit der *Sensorischen Integration* nach Jean Ayres zeigte mir die Verbindung und Vernetzung all unserer Sinne mit Bewegung und Berührung auf. Mit *Sophia,* einer Form des Umgangs mit den Fünf Wandlungsphasen, wird ein klareres Bild und Verständnis der verschiedenen Bewegungsebenen dieser fünf Kräfte ermöglicht. Die *Psychotonik,* eine von Volkmar Glaser erarbeitete Lehre (»Eutonie. Das Verhaltensmuster des menschlichen Wohlbefindens. Lehr- und Übungsbuch für Psychotonik«. Haug Verlag, Heidelberg, 4. Aufl. 1994), beleuchtet die Beziehung zwischen dem seelischen Befinden und der intentionalen Umweltbezogenheit und deren Auswirkungen auf die muskuläre Spannungsregulation.

Unser *Spiel-Räume-Konzept* entwickelte sich auf der Basis all dieser Methoden und der Erfahrung mit meinen Patienten, meiner Familie und meiner Rolle als Mutter.

Dieses Buch ist das Ergebnis einer Kooperation zwischen mir als Hauptautorin und drei Mitautoren, die Teil der Entwicklung und Inspiration von *Spiel-Räume* waren. Unsere gemeinsame Basis sind Shiatsu und die Beschäftigung mit der chinesisch-japanischen Medizin, insbesondere aber ein experimentelles Verständnis der Fünf Wandlungsphasen.

Unsere Arbeit mit Klienten, Patienten, Kindern und Kursteilnehmern ließ jeden von uns in Kontakt mit der Kraft der Wandlungsphasen treten und wurde durch diese bewegt und erfüllt. Jeder von uns hat die Erfahrung gemacht, dass diese Arbeit nicht nur das Leben derer, mit denen wir direkt gearbeitet haben, beeinflusst hat, sondern dass auch die nächsten Familienangehörigen berührt wurden. Je tiefer unser Verständnis über die Fünf Wandlungsphasen in unserem beruflichen und privaten Leben wurde, desto klarer wurde uns, wie jeder Aspekt des Lebens davon betroffen ist. Alles, was wir während oder nach dem Studium der Fünf Wandlungsphasen gelernt haben, fand und findet seinen Platz und seine Verbindung in dieser Sichtweise. Von Berta und Karel Bobath zur *sensorischen Integration* über die *Psychomotorik* und *Physiotherapie* bis hin zur westlichen Medizin und verschiedenen Erziehungsmodellen wurde zunehmend ein gemeinsamer Faden sichtbar, etwas Eigenes begann sich daraus zu formen und damit war *Spiel-Räume* geboren.

Das *Spiel-Räume-Konzept* stellt eine integrative Methode dar, bei der viele westliche Ansätze mit einer eigenen Qualität von Menschlichkeit und Naturverbundenheit miteinander verknüpft werden. Diese besondere Qualität verdankt das Konzept den Fünf Wandlungsphasen, die wir als Bewegung und Urrhythmus der Existenz und nicht als »östliche Philosophie« betrachten.

Unserer Ansicht nach sind die unterschiedlichen Therapiemethoden Ausdruck der Fünf Wandlungsphasen selbst. Gerade weil es die Fünf Wandlungsphasen gibt, lassen sich die verschiedenen Methoden miteinander verbinden, sie ergänzen sich gegenseitig und widersprechen sich nicht in ihrem Grundverständnis. Aus der Erfahrung heraus, die ich in der Einzelarbeit machen konnte, zeigte sich, dass sich das *Spiel-Räume-Konzept* auch sehr gut in der Gruppenarbeit einsetzen lässt. Somit konnte ich mir einen lang gehegten Wunsch, in der Gruppenarbeit dieselbe Stimulation wie in der Einzelarbeit zu erreichen, erfüllen.

Vorwort

Mit diesem Buch wollen wir ein Konzept zur Förderung von Kindern vorstellen. Hierbei handelt es sich aber nicht schon wieder um eine neue Behandlungsmethode, sondern um eine andere Art der Sichtweise, die sich auf bisher Bewährtes anwenden und dort integrieren lässt. Das Konzept ist eine Kombination aus westlichem und östlichem Gedankengut und basiert auf dem jahrtausendealten empirischen Wissen der traditionellen chinesischen und japanischen Medizin.

Bevor wir damit beginnen, dieses Konzept näher zu betrachten, möchten wir Sie bitten, offen zu sein, Ihre eigenen Gedanken und Reaktionen zu beobachten. Diejenigen von uns, die im Westen aufgewachsen sind und ausgebildet wurden, sind jahrelang dazu angehalten worden, sich eine analytische Denkweise anzueignen. Wenn Sie aber versuchen, diese Arbeit aus einem anderen Blickwinkel zu betrachten, wird die östliche Denkweise anschaulicher, deren Ursprung in der nie endenden Suche nach den Wechselbeziehungen und gegenseitigen Abhängigkeiten aller Phänomene zu sehen ist. So richten wir, im Gegensatz zu unserer bisher gewohnten analytischen Sichtweise, unser Augenmerk ganz im Sinne der östlichen Denkweise auf die Zusammenhänge des Lebens, um diese wahrzunehmen und in ihrem Sinngehalt zu verstehen.

Aus diesen Zusammenhängen entstand das Ordnungssystem der fünf großen Bewegungen des Lebens. Diese wurden im Chinesischen mit »wu hsing« bezeichnet, die in der westlichen Literatur als die »Fünf Wandlungsphasen« oder die »Fünf Elemente« bekannt wurden. Im Westen werden die Fünf Wandlungsphasen meist als die »Fünf Elemente« bezeichnet, doch möchten wir im Verlauf des Buches den Begriff »Wandlungsphasen« beibehalten, da er unserer Meinung nach die Qualität präziser beschreibt. Jede einzelne dieser Fünf Wandlungsphasen stellt einen Aspekt des energetischen Wandels dar und in ihrer Gesamtheit beschreiben diese fünf Kräfte die Entwicklung, die Evolution und alle Naturerscheinungen. Sie sind verantwortlich für die Regulation des Gleichgewichts sowohl im somatischen als auch psychisch geistigen Bereich. Jede dieser einzelnen Wandlungsphasen wurde nach den fünf Naturerscheinungen mit ihren jeweiligen Eigenschaften benannt: Holz – Feuer – Erde – Metall – Wasser.

Die Fünf Wandlungsphasen entstammen der traditionellen, östlichen Philosophie – auf ihr basiert das Konzept der *Spiel-Räume*. Sie erweitern die westlichen Methoden der *sensorischen Integration*, der *Psychomotorik* und der *neurophysiologischen Therapien* um einen wesentlichen Bereich. Im weiteren Text werden wir die oben genannten ursprünglichen symbolischen Begriffe wegen ihrer Bildhaftigkeit beibehalten.

Bereits Lü Zi, ein Daoist aus der Tang-Dynastie (ca. 645 n.Chr.), beschreibt das Konzept des Zusammenwirkens der Fünf Wandlungsphasen folgendermaßen:

»Spricht man von sozialen Tugenden, dann entspricht die Natur des Wassers der Weisheit, die Natur des Feuers der Sittlichkeit, die Natur des Holzes der Güte, die Natur des Metalls der Gerechtigkeit und die Natur der Erde der Aufrichtigkeit. In einer ausgeglichenen Persönlichkeit sollten diese fünf Naturen sich gegenseitig hervorbringen und kontrollieren. Weisheit sollte in der Lage sein, Güte hervorzubringen, Güte sollte in der Lage sein, Sittlichkeit hervorzubringen. Sittlichkeit sollte in der Lage sein, Aufrichtigkeit hervorzubringen. Aufrichtigkeit sollte in der Lage sein, Gerechtigkeit hervorzubringen. Gerechtigkeit sollte in der Lage sein, Weisheit hervorzubringen. Ebenso sollte Weisheit die Sittlichkeit kontrollieren. Sittlichkeit sollte die Gerechtigkeit kontrollieren. Gerechtigkeit sollte die Güte kontrollieren, Güte sollte die Aufrichtigkeit kontrollieren, Aufrichtigkeit sollte die Weisheit kontrollieren. Wenn sich diese fünf Naturen in einem ewigen Kreislauf gegenseitig hervorbringen und kontrollieren, dann ist kein Element der Persönlichkeit vorherrschend; sie alle stehen miteinander in Verbindung, gleichen sich gegenseitig aus und bilden die fünf Naturen vollständig aus. Diejenigen, die dieses wissen, verstehen wirklich den höchsten Plan. Wenn man ihnen von den Geheimnissen der fünf Mysterien erzählt, dann können sie es von selbst verstehen.« (U. Lorenzen/A. Noll: »Die Wandlungsphasen der traditionellen chinesischen Medizin.« Band 3. Müller & Steinicke, München 1996, S. 123 f.)

Also nichts von dem, was wir in diesem Buch vorstellen, ist neu oder gar von uns erfunden. Wir haben uns lediglich den *Spiel-Raum* geschaffen, mit östlichem und westlichem Wissen zu spielen und auf die unterschiedlichste Art und Weise damit zu experimentieren. So führten bisher bewährte Übungen, auf eine etwas andere Art und Weise angeboten und zusammengestellt, zu verblüffenden Ergebnissen.

Bald mussten wir feststellen, dass wir zu Mitspielern auf diesem *Spiel-Raum*-Feld geworden waren und dass jede Veränderung in diesem Raum eine direkte Wirkung auch auf uns als Erzieher, Therapeut oder Pädagoge hatte. Dadurch verschwanden allmählich Bezeichnungen wie der Therapeut u.Ä., und wir wurden alle zu Teilhabenden an dem ständigen Wandel, der sich vollzog. Wir spürten, dass die Wandlungsphasen in jedem Einzelnen von uns auf allen Ebenen präsent sind, nicht nur in der Interaktion miteinander, sondern auch im Rahmen der Institution, in der wir tätig sind. Das hebt die Trennung zwischen der Sondersituation *Therapie-Stunde* und *Alltag* unweigerlich auf. Wie ein ins Wasser geworfener Stein, der seine vielen Kreise bildet, hat sich jede kleine Veränderung vielschichtig auf uns ausgewirkt.

Also auch eine kleine Warnung an Sie, liebe Leserin und Leser vorweg: Hier wird kein theoretisches Modell vorgestellt, sondern etwas, das seine direkte Auswirkung im Leben zeigt. Es ist ein Geschenk, das es uns ermöglicht, die Lebensbewegung zu erfassen und zu beschreiben und damit in ihrem natürlichen Fluss zu fördern und zu stärken. Unser Ziel ist, etwas in Ihnen zu berühren, anzurühren, eventuell auch aufzurühren. Wir möchten, dass Sie sich persönlich gemeint fühlen, um damit vielleicht sich selbst mehr der Vielfalt des Lebens zu öffnen und um damit auch den *Spiel-Raum* für die Lebendigkeit der anderen mit der Fülle ihrer Möglichkeiten zu schaffen, ganz besonders für all die Kinder, mit denen Sie Ihren *Spiel-Raum* teilen.

Willkommen im *Spiel-Raum!*

Einleitung

Wenn wir am Morgen den Tag beginnen, so tun wir das auf unterschiedliche Art und Weise. Der eine braucht etwas wache Zeit, um sich zu besinnen, der andere lässt die zu erwartenden Ereignisse an sich vorbeiziehen, der dritte wünscht sich »nur noch fünf Minuten Schlaf«, der vierte räkelt sich und springt dann aus dem Bett. An diesem Beispiel lassen sich unterschiedliche Qualitäten ein und desselben Vorgangs (hier des Wachwerdens und des Aufstehens) erkennen. Nun haben nicht nur unterschiedliche Menschen verschiedene Verhaltensweisen, um ihren Alltag zu bewältigen, es bedarf auch eines breiten Spektrums an Möglichkeiten von jedem Einzelnen, um genau diesen Tag für Tag immer wiederkehrenden Situationen und Tätigkeiten angemessen zu begegnen.

Bleiben wir beim Beispiel des morgendlichen Wachwerdens. An einem Tag gelingt es uns mühelos, die Augen auf den penetranten Klingelton des Weckers hin zu öffnen und bereit zum Aufstehen zu sein. Ein anderes Mal versorgen wir uns eifrig mit Argumenten, die fürs Liegenbleiben und Weiterschlafen sprechen. Die Bandbreite der Möglichkeiten ist groß und ebenso bunt und vielfältig sind die Kräfte, die unser Tun bestimmen.

Unterschiedliche Tätigkeiten brauchen unterschiedliche innere Impulse und Ausdrucksformen – wir wollen sie als Energiequalitäten bezeichnen –, aber auch sich wiederholende Ereignisse werden von uns in unterschiedlichen Ausdrucksformen gelebt. Denn jede Situation, auch wenn sie einer anderen noch so ähnlich zu sein scheint, steht immer in einem neuen Kontext und so ist der Impuls, aus dem heraus wir etwas tun, selten der gleiche.

Wie aber entsteht dieser Facettenreichtum an Aktionen und Reaktionen? Und was hat es mit diesen Energiequalitäten auf sich? Ein Beispiel:

Schauen Sie aus dem Fenster. Vielleicht sehen Sie einen Baum und da gerade Herbst ist, haben sich die Blätter verfärbt. Spärlich hängen sie an den Ästen und wir wissen: Bald ist er kahl. Zeigt er seine Konturen, dann wird die Zeit kommen, da man ihn beschneiden kann, ohne dass er zu viel Saft lassen muss, denn seine Flüssigkeiten haben sich in sein Inneres zurückgezogen. Im Frühjahr wird er seine Kraft wieder nach außen richten und auf wundervolle Weise, wie jedes Jahr, neu aufblühen. Neue Blätter werden sich entwickeln und Früchte werden heranreifen, solange seine gesamte Kraft nach außen strebt, bis er sich erschöpft hat und sich erneut nach innen orientiert.

Diese unterschiedlichen Energierichtungen und Energiequalitäten, wie sie der Baum im Jahreszeitenzyklus durchlebt, bestimmen auch unser Verhalten und unser Leben. So bestehen auch wir mit allem Gelebten, Erfahrenen, Anerzogenen und Gespürten aus diesen Energierichtungen und -qualitäten. Dies sind

- das Aus-sich-Herausgehen
- das Sich-Darstellen-und-Zeigen
- das Sich-den-anderen-Geben
- das Sammeln von Erfahrungen
- das Verarbeiten des Erlebten
- das In-sich-Gehen, um sich wieder dem Draußen stellen zu können.

Dieser Zyklus ist in jeder kleinsten Tätigkeit, aber auch in längeren Zeitabschnitten wie denen eines Tages oder eines Lebens erlebbar. Alles, was uns umgibt – uns mit eingeschlossen –, durchläuft diesen beständigen Wechsel und Wandel. Die Qualitäten dieser Kräfte sind nicht immer gleichmäßig ausgeprägt, so wie auch der Herbst einmal sehr lange dauert und der Sommer ausfällt. Dies sind Dinge, die unsere persönliche Wesensart ausmachen, jeden mit seinem eigenen Charakter, seinen eigenen Schwächen und auch seinem eigenen liebenswerten oder weniger geschätzten Verhalten.

Ein alltägliches Beispiel soll verdeutlichen, wie wir in unserem Verständnis die Bandbreite der persönlichen Verhaltensweisen umreißen, um sie in eine wiedererkennbare Struktur zu bringen:

Die Familie sitzt am Tisch, eine immer wiederkehrende Situation, bei der das Verhalten von Eltern und Kindern mit Unruhe und Ermahnungen vor Beginn des Essens fast den gleichen Ritualcharakter hat wie das gesprochene

Tischgebet. Eines der Kinder beobachtet die Verteilung des Essens und beschwert sich: »Schon wieder Gemüse, immer muss ich essen, was mir nicht schmeckt!«

Wie unterschiedlich die spontane Reaktion eines oder beider Elternteile sein kann, sollen folgende Beispiele verdeutlichen:

1) »Ja, ich kann an deinem Gesicht sehen, dass du es nicht magst, du musst dich aber nicht so lautstark äußern, morgen und übermorgen gibt es wieder etwas, das du mehr magst. Ich leg dir eine kleine Portion Gemüse auf. Das bisschen kannst du essen!«

2) »Verflixt noch mal, ständig deine Nörgelei! Du verleidest einem das ganze Essen, schließlich bist du nicht alleine am Tisch und es geht nicht nur um dich. Ich kann es schon nicht mehr hören! Ein bisschen wird auf jeden Fall gegessen!«

3) »Weißt du, eigentlich macht es keinen Spaß für dich zu kochen. Da stelle ich mich in die Küche und geb mir Mühe, für euch was Gutes zu kochen, und dann wird gemeckert. Dann lass es stehen, aber Nachtisch gibt es dann auch nicht!«

4) »Du kannst hier bei uns nicht allein darüber bestimmen, was es zum Essen gibt. Jeder hat seine Vorlieben und Wünsche und jeder hat ein Recht darauf, dass sein Geschmack respektiert wird. So wirst du dich heute zurücknehmen und etwas mitessen, wie es ein anderes Mal ein anderer tun muss.«

5) »Ich hab überhaupt keine Lust auf dieses Thema schon wieder einzugehen. Iss jetzt!«

Die kindliche Provokation fordert von uns eine Reaktion und zwar in einer Weise, die uns im Augenblick am ehesten entspricht. So erleben wir uns in vergleichbaren Situationen teilweise sehr unterschiedlich. Dieses unterschiedliche Verhalten setzt eigene unterschiedliche innere Qualitäten von Energie voraus. Die unterschiedlichen Energiequalitäten, im obigen Beispiel mit 1) bis 5) gekennzeichnet, bezeichnen wir als Wandlungsphasen.

Jede dieser Reaktionen von Seiten der Eltern ist ein Beispiel dafür, wie die Fünf Wandlungsphasen durch unser Verhalten in Erscheinung treten. Die Wandlungsphasen im Einzelnen werden an späterer Stelle noch ausführlich beschrieben, doch hier soll ein kurzer Vorgeschmack Sie darauf einstimmen, wie die oben genannten unterschiedlichen Reaktionen einzuordnen sind:

Die Reaktion im ersten Beispiel zeigt einen Erwachsenen, der sich durch die Wandlungsphase Holz ausdrückt. Hier kann der Erwachsene die kindliche Reaktion klar einschätzen und dem Kind ein zukünftiges Bild vor Augen führen, so dass sie gemeinsam mit dieser Situation umgehen können. Die Reaktion im zweiten Beispiel zeigt einen Aspekt der Wandlungsphase Feuer. Der reagierende Elternteil hört nur begrenzt zu; er ist mehr darum besorgt, welche Atmosphäre während des Essens bei Tisch herrscht. Im dritten Beispiel werden wir Zeugen einer erschöpften Wandlungsphase Erde, da die Grenzen des Umsorgens erreicht sind. Anerkennung der anderen und das Bedürfnis nach gegenseitigem Respekt sind Aspekte der Wandlungsphase Metall, wie sie im vierten Beispiel dargestellt werden. Subtiles Verlangen nach Stille und Ruhe, wie im letzten Beispiel beschrieben, wird durch die Wandlungsphase Wasser zum Ausdruck gebracht.

Es soll noch einmal auf die vielfältigen Möglichkeiten hingewiesen werden, welche die Fünf Wandlungsphasen bei jedem Einzelnen entwickeln und zum Ausdruck bringen können. So ruft das Verhalten des Kindes am Esstisch bei dem Erwachsenen eine bestimmte Reaktion hervor, während an einem anderen Tag eine ähnliche Situation bei demselben Elternteil eine völlig andere Reaktion herausfordern kann. Diese vielfältigen Reaktionsmöglichkeiten hängen davon ab, wie sich die Fünf Wandlungsphasen zuvor bei dem Erwachsenen entwickelt haben, sie hängen von der unmittelbaren Umgebung und von den Umständen der jeweiligen Situation ab. Unabhängig davon, welche Reaktion zum Ausdruck kommt, spiegelt sie den Fluss einer oder mehrerer Wandlungsphasen wider.

Jeder von uns hat nun dieses Spektrum an Verhaltensmöglichkeiten und Ausdrucksformen, die alle ständig ergänzt und vermehrt werden durch ein sich wandelndes und ineinander übergreifendes Verhalten. Doch jeder, der sich mal genauer beobachtet, bemerkt und bemängelt an sich selbst immer gleiche Reaktionsmuster, die aus einem inneren Antrieb heraus entstehen. Wenn wir dies bemerken, versuchen wir willentlich unser Verhalten zu beeinflussen und zu verändern. Dies gelingt mal mehr, mal weniger gut, doch die Basis für unser Verhalten bleibt dieselbe.

Wünsche wie: »Wenn ich doch nur schlagfertiger wäre, ich lass mich immer überrumpeln!« oder: »Immer diese Unsicherheit in neuen Situationen, wann werde ich da wohl mal routinierter?« oder: »Jetzt habe ich gedacht, mich leichter entscheiden zu können, und nun wieder eine Situation, in der es mir schwer fällt!« kennt wohl jeder von sich. Wir bezeichnen die Art, wie wir uns in der Welt und in unserer Umgebung orientieren, als Neigung oder Störung in bestimmten Wandlungsphasen. Es liegt nahe, dass eine bestimmte Neigung oder eine bestimmte Störung auch immer wiederkehrendes Verhalten zur Folge hat. Wie wir uns unseren Nächsten zeigen, bestimmt auch darüber, welchen Zugang wir zu ihnen haben und nicht zuletzt auch darüber, wie sie auf uns als Mensch und Gegenüber reagieren. Diese Reaktion wiederum bestätigt unser Bild, das wir uns von unserer Umwelt machen und davon, wie sie mit uns umgeht. Sie bestärkt und bestätigt uns in unseren Lebenskonzepten.

Unser Anliegen ist Ihnen aufzuzeigen, welche der uns zur Verfügung stehenden Energiequalitäten und damit Lebensaspekte unser Verhalten bestimmen und wie wir sie, indem wir sie als zusammengehörige und unmittelbar miteinander verbundene Fähigkeiten erkennen, beeinflussen und anregen können. Damit binden wir Neigungen und Störungen in starkem Maße in die Wandlungsphasen ein und haben die Chance auf einen inneren Ausgleich, der sich auf unser Tun und unser Lassen auswirkt. Das Erkennen der Zusammenhänge bei uns selbst ist Voraussetzung für die Arbeit mit den uns anvertrauten Kindern und Erwachsenen.

Während Sie das Folgende lesen, denken Sie daran, dass wir Ihnen eine neue Brille anbieten, durch die Sie dieselbe Welt sehen. Vergessen Sie hierbei bitte nicht, dass Sie das Kind, ja sogar sich selbst, aus einem neuen Blickwinkel heraus betrachten. Hier eröffnet uns das *Spiel-Raum-Konzept* die Möglichkeit, uns selbst, unsere Kinder, unsere berufliche Rolle, alle unsere täglichen Interaktionen als ständige Bewegung wahrzunehmen. Es handelt sich hier also um jenen Teil in uns, der gelernt hat, wie wir uns in dieser Welt ausdrücken. Und es handelt sich hier um jenen Teil im Kind, der lernt, wie es sich in dieser Welt ausdrückt. Doch wie drücken sich Kinder aus? Wie setzen sie sich mit spannungsreichen Situationen auseinander? ... durch Spiel!

Kinder sind wie Energiebälle, die sich mehr und mehr entwickeln. Mit ihren empfindlichen, auch verletzlichen Sinnen nehmen sie alles aus ihrer Umgebung auf und finden eine Möglichkeit, darauf zu reagieren. Der Energieball ist ihre Lebenskraft und diese drückt sich in den chinesischen Fünf Wandlungsphasen, auch Fünf Elemente genannt, aus.

Über die Fünf Elemente gibt es auf dem Buchmarkt eine Fülle von Veröffentlichungen, deren Inhalt von der reinen Wissensvermittlung bis hin zu den verschiedensten Anwendungsmöglichkeiten reicht. Jene, die diese Lehre anwenden, z.B. in der Gesundheitsvorsorge, in der Psychologie oder in der Verhaltenstherapie, tendieren dazu, diese Lehre aus westlicher Perspektive zu benutzen, indem sie die Individuen einem dominanten Element zuordnen. Hier ist Vorsicht geboten! Unser Verständnis von den Wandlungsphasen unterscheidet sich sehr von dieser Auffassung. Wir betrachten die Fünf Wandlungsphasen als ständig wechselnde Energieebenen, die sich in permanenter Bewegung befinden. (Dies ist auch der Grund dafür, warum wir den Begriff *Wandlungsphasen* dem eher statischen Begriff *Elemente* vorziehen.) Verhalten sehen wir als einen Ausdruck von Bewegung an und nicht als Stagnation. Hat ein Kind einen Wutanfall oder verlieren wir als Erwachsene die Beherrschung, dann sind die Fünf Wandlungsphasen in Bewegung und drücken sich in der Wandlungsphase aus, die zur Zeit dominant ist.

All unsere Ausdrucksformen sind Teil des Flusses der Fünf Wandlungsphasen. Wut, Depression, Verlassenheitsgefühle, Lachen – wir könnten dieser Auflistung so genannter positiver und negativer Geistes- und Gefühlszustände weitere hinzufügen. Im Sinne der Wandlungsphasen werden diese Ausdrucksformen aber nicht bewertet, sie werden vielmehr als Ausdruck einer oder mehrerer Wandlungsphasen betrachtet.

Diese Sichtweise kann vielleicht das Gefühl von Hilflosigkeit oder ein Bedürfnis nach Argumenten hinterlassen. Viele Menschen haben in ihrer Kindheit durch das Verhalten anderer leidvolle Erfahrungen gemacht. Auch Lehrer, Eltern, Physio- und Kindertherapeuten erleben immer wieder Kinder, die anscheinend absichtlich einander Leid zufügen.

Wenn Sie sich in einer dieser Rollen wieder finden, dann halten Sie bitte für einen kurzen Augenblick inne und stellen Sie sich vor, Sie oder das Kind seien eine Amöbe. Amöben sind Lebewesen ohne spezifische Körperform und sie bewegen sich, indem sie ihren gelatineartigen Körper in jede Richtung hin ausdehnen. So können sie sich in alle Richtungen bewegen, weil sie die vielfältigsten Verformungen annehmen können. Stellen Sie sich nun eine Amöbe vor, die sich zu einer Tür hinbewegen möchte, und genau die zur Tür zugewandte Seite der Amöbe ist verletzt, so dass sie ihr Gel nicht in diese Richtung hin ausdehnen kann. Was könnte diese Amöbe nun tun? Sie könnte versuchen, auf indirektem Wege zur Tür zu gelangen. Vielleicht könnte sie auch versuchen, sich über seitliche Bewegungen in Richtung Tür zu manövrieren.

Die Fähigkeit einer unverletzten Amöbe, sich in jede Richtung auszudehnen und zu bewegen, entspricht den Fünf Wandlungsphasen in uns, wenn wir geboren werden. Während wir auf unserer Lebensreise physische und gefühlsmäßige Verletzungen erfahren, werden unsere Amöbenfähigkeiten mehr und mehr eingeschränkt. Wir beginnen, uns wie eine verletzte Amöbe durch das Leben zu bewegen und drücken uns durch die noch »beweglichen« Wandlungsphasen aus. Unerwünschte Verhaltensweisen sind die Versuche unserer Lebenskraft, mit den noch vorhandenen Ausdrucksmöglichkeiten im Fluss zu bleiben. Im Unterschied zur Amöbe stehen uns aber durch gezielte Stimulation sämtliche Ausdrucksmöglichkeiten zur Verfügung.

Dies sind einige grundlegende Prinzipien des *Spiel-Räume-Konzepts*. Wir betrachten uns selbst und die Kinder, die uns zu diesem Buch inspiriert haben, als Wesen, die über alle Ausdrucksmöglichkeiten der Lebensenergie verfügen, die sich aber im jeweiligen Moment nur durch gerade verfügbare Muster ausdrücken können. Selbst dort, wo ein Mangel an Ausdrucksmöglichkeiten auffällt, stehen uns die Wandlungsphasen zur Verfügung, es bedarf nur ihrer Anregung und Stimulation. Anregung und Stimulation ermöglichen die weitere Entwicklung und Verfügbarkeit aller körperlichen, geistigen und gefühlsmäßigen Ausdrucksformen der Wandlungsphasen.

Um erfolgreich mit den *Spiel-Räumen* arbeiten zu können, müssen wir von bisherigen Diagnosen Abstand nehmen, da sie ein festgelegtes Bild über Störungen und Defizite des Kindes zeichnen. Entgegen einer Sichtweise, Kinder nach Kategorien oder dominanten Persönlichkeitsmerkmalen einzuordnen, betrachten wir Verhalten als einen Ausdruck von Bewegung. Wir gehen davon aus, dass hervorstechende Verhaltensmuster der kindliche Hilferuf nach Unterstützung sind.

Ein Hilferuf nach Anregung des Urrhythmus, des harmonischen Flusses der Fünf Wandlungsphasen. Die Suche nach dieser Stimulation ist uns angeboren; dadurch entwickeln wir eine immer breitere Palette von Handlungs- und Ausdrucksmöglichkeiten für das Leben in dieser Welt.

Die Fünf Wandlungsphasen
sind der Ursprung allen Lebens

In sich Ruhen ist ein tiefes Bedürfnis des Menschen. Nur aus dieser Ruhe heraus entwickelt er eine situationsangemessene Dynamik. So kann er heiter und gelassen dem Leben begegnen.

In der heutigen Zeit, die geprägt ist von einem immer schnelleren Tempo im Alltag, von Zeitmangel in der Familie, zunehmender Kontaktarmut und Entfremdung von der natürlichen Lebensweise, gerät das gesunde, sich um die Mitte einpendelnde Gleichgewicht immer mehr ins Hintertreffen. Wird ein Kind in diese Welt hineingeboren, ist es zunächst mit seinem ganzen Sein offen; Schritt für Schritt muss es die Welt um sich herum erfahren. Es kann sich noch nicht gegen all die Einflüsse, denen es ausgesetzt ist, abschirmen. Diese Einflüsse können als Störfaktoren seine innere Ordnung ins Ungleichgewicht bringen und sich hemmend auf die Entwicklung auswirken. Wahrnehmungsstörungen, motorische Störungen, Verhaltensauffälligkeiten, Allergien (wie beispielsweise Neurodermitis) und der große Symptomkomplex der psychosomatischen Erkrankungen sind die Anzeichen für ein aus den Fugen geratenes Gleichgewicht.

Mit der Kenntnis der Fünf Wandlungsphasen, die die Grundlage der traditionellen chinesischen und japanischen Medizin bilden, werden die vitalen, wechselnden und wandlungsfähigen Uraspekte des Lebendigen als Ausdruck dynamischer Wirk- und Wandlungskräfte gesehen. Es handelt sich hier um ein Modell, das einem Regelkreis gleich die Beziehungen der Organe und Körperteile zueinander wie auch zu geistigen Faktoren und äußeren Erscheinungen in der Natur aufzeigt. In allen Naturerscheinungen einschließlich des Menschen kann die Wirkung der gleichen Kräfte und Gesetze beobachtet werden. Nach chinesischer Anschauung treten die Fünf Wandlungsphasen Holz, Feuer, Erde, Metall und Wasser in allen Erscheinungen des Kosmos zutage: in den Himmelsrichtungen, in den Jahreszeiten, dem Klima, in den Pflanzen und Tieren und natürlich im Menschen. Auch die Sinne, Organe und Gewebe sowie die Gefühle und geistigen Fähigkeiten werden den Fünf Wandlungsphasen zugeordnet. Es handelt sich bei den Wandlungsphasen um Kräfte, die einander das Gleichgewicht halten, sich gegenseitig erzeugen, sich ineinander umwandeln und sich gegenseitig kontrollieren bzw. eindämmen. So gesehen ist In-sich-Ruhen-Können ein dynamisches Geschehen. Es ist ein ständiges Ausbalancieren dieser fünf Urkräfte, ein Einpendeln um unsere Mitte herum. Das Wissen um die Gesetzmäßigkeiten dieser Urkräfte ist etwas, dem wir uns nicht entziehen können. Nur in ihrem harmonischen Zusammenspiel geben sie uns die Fähigkeit, unsere gesamte Lebendigkeit zum Ausdruck zu bringen.

Der durch das Zusammenspiel der Fünf Wandlungsphasen bedingte Urrhythmus ist die ordnende Kraft unserer Lebensenergie. Alles Lebendige, sei es der Mensch oder die Natur um uns herum, ist in diesen kosmischen Urrhythmus eingebunden. Solange der Kreislauf der Fünf Wandlungsphasen harmonisch fließt, erleben wir die Lebensenergie in ihrer vollständigen, facettenreichen Ausprägung. Erst wenn dieser Kreislauf in einer der Wandlungsphasen ins Stocken gerät, nehmen wir das Fehlen dieses harmonischen Fließens in seinen vielfältigsten Ausdrucksformen wahr.

Dieser Urrhythmus erzeugt die Harmonien aller unserer Lebensabläufe und drückt sich als tiefstes Vertrauen in das Leben aus. Die daraus resultierende Sicherheit zeigt sich in körperlichem und seelischem Gleichgewicht. Nicht nur die Erscheinungen des Kosmos, wie beispielsweise Klima, Tages- und Jahreszeiten, spiegeln diese Ordnung des dauernden Wandels wider. Wir finden diese Ordnung auch in unseren immer wiederkehrenden Lebensritualen wie bei Familienfesten, Weihnachten, Urlaubszeit und Urlaubsgestaltung, um nur einige zu nennen. Unsere Einbettung in diese Ordnung lässt sich bis hin zu unserem eigenen Biorhythmus, unserem Wach- und Schlafrhythmus, Atem- und Herzrhythmus nachvollziehen und ist sogar in der kleinsten, funktionellen Lebenseinheit – der Zelle – in Form von Depolarisation und Polarisation, rhythmischem Geschehen biochemischer Vorgänge u. Ä. zu beobachten.

Viele Menschen spüren das Phänomen zyklischer Muster in ihrem Leben. Im Laufe unserer Lebensreise erleben wir gute und schwierige Zeiten, in denen sich alte Muster und Probleme immer wieder zeigen. Mag auch die Situation neu sein und das Problem sich aus einem anderen Blickwinkel darstellen oder eines anderen Ursprungs sein, trotzdem merken wir, dass wir immer wieder denselben Themen in unserem Leben begegnen. Manchmal drängt sich dann die Frage auf: »Warum passiert mir das immer wieder?«

Die Wiederkehr solcher Muster ist ein Beispiel dafür, wie sich Disharmonie in den Wandlungsphasen zeigen kann. Diese wiederkehrenden Muster können sich in Befindlichkeitsstörungen, bestimmten Verhaltensweisen oder Krankheiten ausdrücken, als Themen innerhalb von Beziehungen, in Konflikten am Arbeitsplatz, in Gewichtsproblemen, Ess-Störungen, Kommunikationsstörungen, in Schwierigkeiten bei der Entscheidungsfindung oder in unserem kreativen Ausdruck. Manchmal merken wir sogar, dass diese Störungen immer zur selben Jahreszeit oder zum gleichen Zeitpunkt innerhalb eines Monats wiederkehren. Wir probieren neue Medikamente aus, eine andere Diät, wechseln den Partner, verändern den Arbeitsplatz, suchen unser Glück in verschiedenen Meditationsformen oder Therapien, um erneut festzustellen, dass sich in den neuen Situationen die alten Themen zeigen. Das sind dann die Momente, in denen wir uns über »diese Zufälle« in unserem Leben wundern. Vielleicht ziehen wir jetzt auch die Möglichkeit in Betracht, dass irgendetwas in uns solche Erfahrungen wie ein Magnet anzieht.

Es ist der Urrhythmus in uns, der uns die Fähigkeit gibt, Gleichgewicht anzustreben. Unerwünschte Symptome und Störungen in unserem Leben sind das Spiegelbild einer Stagnation in unserem Energiefluss. Sie sind das Resultat unserer Entwicklung und Anpassung an unsere Umwelt.

Wir begegnen den Wandlungsphasen immer und überall, auch in den »kleinen Dingen« des Lebens. So beeinflussen beispielsweise die Jahreszeiten unseren Appetit, unsere Haut, unsere Gefühlslage und unseren Energiehaushalt. In bestimmten Jahreszeiten könnten wir »vor Kraft strotzen«, fühlen uns voll sprühender Lebendigkeit, während andere Jahreszeiten uns zur Besinnlichkeit und Nachdenklichkeit anregen. Wir alle erleben diese Jahreszeiten auch in unserem tiefsten Inneren. Aber da unsere Anpassungsfähigkeit an unsere Umwelt unterschiedlich ist, erfahren wir diese Rhythmen und Zyklen auf unterschiedliche Weise.

Die Wandlungsphasen verflechten alle physischen, psychischen, emotionalen und geistigen Prozesse mit dem Naturgeschehen. Sie liefern die Energie für unsere Lebenszyklen. Durch sie lässt sich der Urrhythmus des Lebens symbolisch als lineare Folge beschreiben, aber auch als ein System, in welchem alle Kräfte gleichzeitig, sich gegenseitig ergänzend und regulierend auftreten. Die Wandlungsphasen beschreiben das Leben als einen Kreis: Ohne Anfang und ohne Ende entfaltet sich die Energie und ist verflochten mit allem Existierenden. Sie verbinden die menschliche Entwicklung mit allem Naturgeschehen.

Die kindliche Entwicklung im Blickpunkt der Fünf Wandlungsphasen

Eine kurze Übersicht über die wichtigsten Eigenschaften der Wandlungsphasen und deren Zuordnung möchte zunächst die Bedeutung von den Fünf Wandlungsphasen für die natürliche Entwicklung des Kindes erhellen.

Wandlungsphase Holz

Diese Wandlungsphase ist gekennzeichnet durch Bewegungsausdruck und -planung sowie grobmotorische Fähigkeiten und Bewegungskoordination.

Wandlungsphase Feuer

Das Feuer findet seinen Ausdruck im Erleben des Miteinander, dem Wir-Gefühl. Es steht für Partnerschaft und Beziehungsfähigkeit; die Freude am Tun offenbart sich in Lebensfreude und Begeisterungsvermögen. Die Kommunikation in ihrer sprachlichen Form steht im Vordergrund.

Wandlungsphase Erde

Gelassenheit, Achtsamkeit und Konzentrationsfähigkeit kennzeichnen diese Wandlungsphase. In-Sich-Ruhen und Zur-Mitte-Finden führen zu einem eigenen Standpunkt. Sie ist für die körperliche und geistige Nahrung zuständig.

Wandlungsphase Metall

Hier stehen Eigenwahrnehmung und soziale Kompetenz im Vordergrund. Der Respekt vor den eigenen Grenzen und denen des Mitmenschen führt zu Akzeptanz, Toleranz und Anerkennung.

Wandlungsphase Wasser

Das Wasser steht für die Bereitschaft, Situationen annehmen zu können. Auch der Mut, sich auf Neues einzulassen, kommt hier zum Ausdruck. Zuhören können, sich entspannen können, in die Stille gehen und mit der eigenen Tiefe in Kontakt kommen sind das Charakteristikum dieser Wandlungsphase.

Bevor wir nun die verschiedenen Wandlungsphasen im Einzelnen erläutern wollen, sollen einige Überlegungen vorangestellt werden:

Die Wandlungsphasen Holz, Feuer, Erde, Metall und Wasser werden zwar immer in einer linearen Folge beschrieben, was aber nicht bedeutet, dass sie auch nacheinander in linearer Folge auftreten. Vielmehr sind sie immer gleichzeitig, mehr oder weniger ausgewogen vorhanden und zeigen sich so in Aktion. Anders ausgedrückt: Wir sind nicht immer nur Typ *Holz* oder *Feuer*, sondern wir schwingen zwischen den einzelnen Wandlungsphasen permanent hin und her. Unser Bestreben ist, alle Aspekte verfügbar zu haben, um damit viele Handlungsmöglichkeiten bereitzustellen. Stagnation in diesem Kreislauf der Wandlungsphasen beschränkt diese Möglichkeiten, einzelne Wandlungsphasen treten in den Vordergrund. Trotzdem sind im Kind wie auch im Erwachsenen alle Aspekte vorhanden.

Bei mangelnder Ausdrucksfähigkeit in einer oder in mehreren Wandlungsphasen wird das Kind sich vorzugsweise über die anderen Phasen ausdrücken. Dadurch entwickeln sich Auffälligkeiten bei den Kindern, die dann als »Marotten« oder auch als »Ticks« bezeichnet werden. Dass dahinter bereits ein Ruf nach Hilfe steht, wird meist nicht wahrgenommen. Viel Leid auf Seiten des Kindes wie auch der Eltern könnte erspart werden, wenn diese Dysbalance in der Entwicklung des Kindes als solche frühzeitig erkannt werden würde – von den späteren »erwachsenen Kindern« ganz zu schweigen.

Dieses Ungleichgewicht zu erkennen ist oft sehr schwierig, da durch die Energieverschiebung einige Wandlungsphasen überbetont werden. So können beispielsweise besondere Begabungen oder Fertigkeiten auf anderen Gebieten wie kreative Ausdrucksmöglichkeit (Wasser) oder sprachliche (Feuer) und motorische (Holz) Fähigkeiten die Schwäche in den anderen Wandlungsphasen kaschieren. Niemand käme hier auf den Gedanken, dass diese Kinder Unterstützung brauchen.

Um ein Bild oder Gefühl für die Schwierigkeiten und Eigenheiten des Kindes zu bekommen, hilft uns das Betrachten der Wandlungsphasen, wobei es aber ständig großer Achtsamkeit bedarf, das Kind nicht in eine Schublade zu stecken. Es gilt, die feinsten energetischen Veränderungen und Wandlungen bei dem Kind zu erspüren und unsere Angebote diesen Wandlungen anzupassen. Somit sind wir als Eltern oder Therapeut in der Rolle gleichwertiger Mitspieler oder Partner zu sehen, die in ständiger verbaler und nonverbaler Kommunikation mit dem Kind stehen. Da wir als Mitspieler nicht wissen können, aus welchen Wandlungsphasen das Kind sich die Energie zur Balance holen möchte, machen wir ihm Angebote aus allen Wandlungsphasen und betonen den Bereich, durch den sich das Kind zu diesem Zeitpunkt am meisten angesprochen fühlt. Diese Vorgehensweise lässt keine Rezepturen zu, wie sie in manchen Therapieformen benutzt werden. (»Das Kind hat Probleme mit dem vestibulären System, also gehen wir auf die Schaukel.«) Das erfordert allerdings auch von Seiten des Mitspielers eine ständige Auseinandersetzung mit dem eigenen Fluss der Wandlungsphasen und damit eine ständige Arbeit an sich selbst.

Dieser energetische Ansatz lässt sich nicht ohne weiteres auf unsere westlichen Begriffe für Krankheit und Krankheitsbilder übertragen. Ähnlich wie in der traditionellen chinesischen und japanischen Medizin Krankheit als eine Störung der inneren Balance gesehen wird – das japanische Wort für Krankheit ist »Byo Ki« und bedeutet, dass »das Ki (Lebensenergie) aus seiner Mitte ist« – entwickelt jeder Mensch seine völlig individuellen Muster. Deswegen lassen sich Begriffe wie Migräne, Depression, Rheuma usw. nicht ausschließlich einer Wandlungsphase zuordnen, sondern sie werden intensiv nach ihren Charakteristika beleuchtet. So können sich die entsprechenden Begriffe sehr spezifisch in jeder einzelnen Wandlungsphase wieder finden. Demnach erfordert ein jedes Krankheitssymptom, je nach Wandlungsphasenzugehörigkeit, eine entsprechende Vorgehensweise.

Dasselbe gilt für Verhaltensweisen von Kindern. Sie können in gleichen Situationen gleiche Verhaltensweisen zeigen, und trotzdem kann die Ursache in völlig verschiedenen Wandlungsphasen liegen. Aus diesem Grund erfordern diese Verhaltensweisen je nach Wandlungsphase eine individuelle Form des Umgangs, so dass die entsprechende Unterstützung für das Kind von Situation zu Situation unterschiedlich sein kann. Folgendes Beispiel mag dies veranschaulichen:

Die Erzieherin möchte mit den Kindern im Kindergarten Karten für den Muttertag basteln. Sie legt verschiedene Materialien bereit. Das Kind greift zu Schere und Papier, schnippelt ein bisschen herum, klebt wahllos Papier aufeinander und legt die Karte beiseite mit dem Kommentar: »Hab keine Lust mehr!«.

Ist die Ursache dieses Verhaltens eine fehlende Zielvorstellung, so hat das Kind kein inneres Bild von dem, was es basteln möchte. Ihm fehlt die Holzenergie, die den Samen zum Sprießen bringt. In diesem Fall kann die Unterstützung von Seiten der Erzieherin darin bestehen, dem Kind mehrere Möglichkeiten aufzuzeigen, wie die fertige Karte aussehen könnte. Gemeinsam mit dem Kind wird die Entscheidung getroffen und in für das Kind überschaubare Handlungsschritte aufgegliedert.

Die Ursache für dasselbe Verhalten kann auch in der mangelnden Begeisterungsfähigkeit für diese Art von Tätigkeit liegen, da die Vorgabe, wie die Karte aussehen könnte (z.B. von einem anderen Kind hergestellt), nicht mit dem inneren Bild des Kindes übereinstimmt. Damit fehlt ihm möglicherweise die Sicherheit, dass sein eigenes inneres Bild ebenso gelten darf. Die Kraft des *Feuers* reicht nicht aus, um das eigene innere Bild aufrecht zu erhalten. Als Unterstützung kann die Aufgabe oder Materialwahl so abgestimmt werden, dass dadurch eine Übereinstimmung mit der Vorstellung des Kindes erreicht wird und es dann mit Feuer und Flamme beteiligt ist.

Die Ursache kann aber auch darin liegen, dass das Kind zwar eine Vorstellung von dem hat, was es basteln möchte, auch ist die Begeisterung da, aber die innere Gewissheit oder Sicherheit fehlt ihm, dass es die Aufgabe auch vollbringen kann. Wenn die Erzieherin das Kind nicht anspornt und durch ihre Nähe nicht unterstützt, dann verliert das Kind die Durchhaltekraft, die Aufgabe zu Ende zu bringen. Hier wird die tragende Kraft der Erde gebraucht. Zur Unterstützung wäre es günstig, wenn die Erzieherin sich neben das Kind setzt, um ihm zu signalisieren: Wenn du mich brauchst, bin ich da!

Noch eine andere Ursache kann hinter der gleichen Situation stehen. So hat z.B. das Kind oft erleben müssen, dass die von ihm selbst produzierten Geschenke keine Würdigung seitens des Beschenkten erfahren haben. Mangelnder Respekt und Achtung schwächt die Metallenergie und gibt ihm das Gefühl mangelnder Wertschätzung. Dies nimmt ihm die Lust, Dinge selber herzustellen. Die Unterstützung bestünde in diesem Fall darin, über ein Gespräch zwischen Mutter und Erzieherin Abhilfe zu schaffen. Parallel dazu wäre es wichtig, die gebastelten Sachen dieses Kindes im Kindergarten stärker zu würdigen.

Abschließend wäre im Sinne der Wandlungsphasen denkbar, dass das Kind bereits mit der Aufgabe begonnen hat, bevor die Erzieherin mit der Erklärung fertig ist. So hat es einen Teil der Aufgabenbeschreibung nicht mitbekommen und das Bastelmaterial bereits auf eine Art verwendet, die es ihm unmöglich macht, die Aufgabe zu Ende zu führen. Die Ursache liegt hier in der Unfähigkeit, zuhören und hinhören zu können. Diese Fähigkeit beziehen wir aus der Wandlungsphase Wasser. Hier bestünde die Unterstützung darin, dass die Erzieherin während ihrer Erklärung einen Körperkontakt zum Kind herstellt und es direkt anspricht.

Die einzelnen Wandlungsphasen, beginnend mit Holz, sollen im Folgenden unter Einbeziehung von Beispielen aus dem Alltag vorgestellt und bisher Gesagtes aufgegriffen und untermauert werden. Hier möchten wir noch einmal darauf hinweisen, dass diese Beschreibungen als Einordnungsmöglichkeiten zu verstehen sind, die uns die Möglichkeit geben, die sich ständig wandelnden Lern- und Lebensfelder zu betrachten und zu erkennen. Lassen wir uns aber dazu verleiten, in Schubladen zu denken, berauben wir uns selbst unserer eigenen Entwicklungsfähigkeit.

An dieser Stelle möchten wir Sie auf fünf Bilder aufmerksam machen, die Sie farbig abgedruckt auf den Seiten 33-37 finden. Als Auftakt zu jeder Wandlungsphase möchten die Bilder Sie neben dem kleinen Spaziergang, der ebenso am Anfang der einzelnen Charakterisierungen steht, auf das Folgende einstimmen.

Holz

Bild 1

Feuer

Bild 2

Erde

Bild 3

Metall

Bild 4

Wasser

Bild 5

ich und Mama

ich und MAMA

Bild 6

Bild 7

Bild 8

Bild 9

Die Fünf Wandlungsphasen Holz, Feuer, Erde, Metall und Wasser

Die Wandlungsphase Holz

Einstimmung

Zur Einstimmung auf die Wandlungsphase Holz möchten wir Sie zu einem kleinen Experiment einladen – Holz bedeutet ja auch Entdeckerfreude und Lust auf Abenteuer. Machen Sie es sich bequem und gehen Sie mit uns auf einen kleinen Spaziergang.

Sie gehen an einem schönen, lauen Frühlingstag draußen in der Natur spazieren. Sie nehmen einen tiefen Atemzug und spüren die frische, kühle Luft und die Wärme der Sonne auf Ihrem Gesicht und Körper. Um Sie herum können Sie die verschiedenen Frühlingsstadien erblicken. Während einige Bäume in Blüte stehen, ist bei anderen bereits das erste zarte Grün sichtbar. Unter Ihren Füßen zeigt sich das junge Gras, die Knospen der Pflanzen sind kurz vor dem Aufbrechen. Die Erde ist bereit für neues Wachstum und neues Leben, wo immer sie die Wärme der Sonnenstrahlen erreicht. Auch die Vögel und Tiere sind voller Aktivitäten und bauen Nester für ihre Jungen. Während Sie sich in dieser malerischen Szenerie umschauen, sehen Sie einen schönen Baum, der Sie einlädt, unter seinen Ästen Platz zu nehmen. Sie suchen sich ein gemütliches Plätzchen, schließen die Augen und atmen die erfrischende Frühlingsluft ein. Sie fühlen sich voller Leben und Energie – Frühlingserwachen.

Plötzlich haben Sie eine Idee. Vielleicht ist es die Lösung für etwas, über das Sie schon lange nachsinnen. Glasklar sehen Sie die Antwort vor Ihrem inneren Auge, gleichzeitig entstehen eine Fülle von Plänen, wie Sie diese Idee umsetzen können. Die Möglichkeiten scheinen unbegrenzt zu sein. Sie können sich schnell für die beste Alternative entscheiden. Mit dem Gefühl, vor Energie zu strotzen, erheben Sie sich von Ihrem Platz und gehen zurück, um Ihre neuen Pläne niederzuschreiben ...

Wie sich die Wandlungsphase Holz im täglichen Leben zeigt

Die Wandlungsphase Holz gibt uns die Energie, morgens mit Schwung und Tatkraft aus dem Bett zu steigen. Mit aufrechter Haltung, flexibel sowohl innerlich als auch äußerlich, treten wir den Aufgaben des Tages entgegen.

Holz gibt uns die Fähigkeit, den Strategen und Planer in uns zu entwickeln. So behalten wir den Überblick und die Kraft zur Weitsicht für das große Ziel in unserem Leben. Wir können andere motivieren, mit uns auf dieses große Ziel hinzuarbeiten. Der Stratege in uns verfügt über besondere Führungsqualitäten, um ein Team für unsere Ideen zu begeistern und um es zu überzeugen, voller Elan an der Verwirklichung unserer Ideen mitzuarbeiten. Er gibt uns auch die Fähigkeit zur Koordination und mit ihm behalten wir den Überblick, so dass wir die Kontrolle nicht verlieren. Im Umgang mit Mitarbeitern sind wir klar und bestimmt, aber auch rücksichtsvoll und offen für andere Ideen.

Es fällt uns leicht, im Projektverlauf zu analysieren, was vorher war, wie es jetzt aussieht und wo wir hinwollen. Die Rolle des kreativen Kopfes oder Planers und Initiators für Projekte ist uns regelrecht auf den Leib geschrieben. Im Konfliktfall behalten wir einen kühlen Kopf. Mit klarer Sicht und Blick auf das Wesentliche können wir Probleme oder Krisen erkennen und Lösungsmöglichkeiten finden. Wir haben den Mut zu unserer persönlichen Originalität, definieren diesen Anspruch ständig neu und lassen uns unser Revier nicht streitig machen.

Durch unsere Fähigkeit weitsichtig zu planen sind wir in der Lage, unseren jeweiligen Spielraum richtig zu ermessen. Dadurch können wir sehr ökonomisch mit unseren Ressourcen, unserem Krafteinsatz, Zeitaufwand und Einsatz von Mitteln umgehen.

Der Ausdruck des Holzaspektes in seiner ausgewogenen und gestörten Form beim Kind

Kindheit ist Holzzeit. Sie drückt sich durch Bewegungsfreude, Spontaneität, Kreativität, Abenteuerlust und Entdeckerfreude aus. Die Holzenergie bewirkt Wachstum und Entwicklung. Ein Kind, das den Holzaspekt harmonisch entwickelt, ist voller Tatendrang, sprüht vor Ideen und ist originell. In der Kindergruppe bringt es Spielideen und Vorschläge ein. Dabei behält es im Spielgeschehen die Übersicht und übernimmt gerne, wie ein kleiner General, die Führung in der Gruppe. Es hat die große Linie vor Augen, eine Vision und legt die Marschrichtung für alle fest. Ist die Holzenergie ausgewogen, kann sich das Kind auch der Marschrichtung eines anderen Kindes mit ebenso großer Begeisterung anschließen, sofern es diese für eine bessere oder interessantere hält. Doch dabei behält es seinen Mut zur Entfaltung des eigenen Lebensraumes, den es souverän verteidigt. Es schützt sein »eigenes Reich« und ist in der Lage, einer Konfrontation standzuhalten.

Seine Persönlichkeit erlebt es mittels Bewegung. Bewegungsausdruck ist sein Weg, sich selbst darzustellen und mit der Umwelt in Kontakt zu treten. Es »bewohnt« seinen Körper und hat eine genaue Vorstellung von seiner Beschaffenheit. Diese Körpererfahrung durch Bewegung bildet die Basis für ein positives Selbstbild mit allen seinen Aspekten. Dieses Kind vermag mit seinem Körper kontrolliert umzugehen, seine Bewegungsabläufe sind ökonomisch und harmonisch. Es ist grobmotorisch sehr geschickt, seine Bewegungen sind geschmeidig und federnd. Sein Bewegungsausdruck ist lebhaft und freudig. Die optische Wahrnehmung, die Raumwahrnehmung und die Orientierung im Raum sind gut entwickelt. Ökonomischer Krafteinsatz, gute Bewegungsplanung, gute räumliche, zeitliche und dynamische Bewegungskontrolle und Bewegungsanpassung ergeben zusammen ein koordiniertes, harmonisches Bewegungsverhalten. Ein Kind, dessen Holzaspekt ausgewogen ist, ist ein Wirbelsturm voller Tatendrang und Ideen, ein kindlicher Entdecker und Abenteurer.

Sitzt dagegen ein Kind einsam »auf einem Hügel« und dirigiert das Gruppengeschehen »von oben herab«, möchte es die Kontrolle übernehmen, ohne sich selbst am Tun zu beteiligen, dann ist der Holzaspekt bei diesem Kind nicht mehr ausgewogen, sondern überbetont. Ein solches Kind wird wütend, wenn seine Pläne von irgendjemandem durchkreuzt werden. Es kennt nur *ja* oder *nein* (»Bist du nicht für mich, dann bist du gegen mich«). Ihm fehlen die Zwischentöne, die Abstufungen, die zu kennen notwendig sind, um eine Lösung oder einen Kompromiss mit anderen Kindern zu finden. Die Fähigkeit des kleinen Generals, zwischen mehreren Möglichkeiten eine Entscheidung zu treffen, ist bei diesem Kind noch unterentwickelt.

Geht es nicht nach seinem Kopf, reagiert es mit destruktivem Verhalten. Es ist aggressiv und reizbar oder beteiligt sich überhaupt nicht mehr am Spiel. Der Zirkusdirektor, der seine Position einmal für ein anderes Kind aufgeben soll, ist beleidigt und kann sich unter gar keinen Umständen dazu herablassen, auch einmal die Rolle des Clowns zu übernehmen. Lieber spielt er nicht mehr mit oder er stürzt sich voller Wut auf andere Kinder und zerstört Spielsachen.

Kommen die Holzkräfte im Kind nicht zur Verwirklichung, äußert sich das in Apathie, Interesselosigkeit und Passivität. Dabei richtet dieses Kind Aggression vor allem gegen sich selbst, was sich beispielsweise im Nägelkauen körperlich ausdrückt. Auf ein *Nein* reagiert es beleidigt, es schmollt oder setzt sich dramatisch theatralisch in Szene. Alle Gefühlsäußerungen und Reaktionen anderer bezieht es auf sich, auch wenn es nicht gemeint ist. Um seinen eigenen Lebensbereich zu schützen, wehrt es sich nicht. Im Gegenteil, es kann keiner Fliege etwas zuleide tun. Diese Zurück-Haltung führt beim Kind zu Verspannungen und Verkrampfungen besonders im Kopf, Nacken und Schulterbereich. Es hat die verkrampften Hände zu den sprichwörtlich *geballten Fäusten in der Tasche* gemacht. Diese Verkrampfung ist Ausdruck einer Kraftlosigkeit und zeigt sich auch in mangelnder Beweglichkeit. Sein Gang ist unsicher. Der Bewegungsfluss ist gehemmt, stockend, verlangsamt und wirkt eckig und holprig. Es ist grobmotorisch ungeschickt und es fehlt ihm an Bewegungserfahrung. Es verfügt über eingeschränkte Bewegungsmuster und leidet dadurch an einem Mangel an Variabilität.

Obwohl es sich bemüht, Bewegungsfertigkeiten zu erlernen, es auch mit Ausdauer immer wieder probiert, gelingt ihm die Ausführung der Bewegung nicht oder nur unzureichend. Oftmals scheitert es bereits bei der Bewegungsplanung. Dabei ist seine Umwelterkundung mit den Augen häufig durch eine Sehschwäche oder einen Sehfehler beeinträchtigt. Mangelnde Raumorientierung und Eigenwahrnehmung (Propriozeption) sowie ungenaue Vorstellungen vom eigenen Körper und seiner Struktur (Körperschema) stellen ebenfalls Lernhindernisse dar. Die Folge sind Entmutigung und weiterer Rückzug.

Das Beispiel Katrin

Nachstehend mag die fünfjährige Katrin als Vertreterin für die Gruppe der Kinder mit Störungen in der Wandlungsphase Holz vorgestellt werden. Dieses Fallbeispiel macht auch ersichtlich, dass selten sämtliche Fähigkeiten und Facetten einer Wandlungsphase gestört sind, sondern stellvertretend nur einige für dieses Kind charakteristische. Ein solches Kind wird oft als »lahme Ente« abgestempelt und »unbeholfen« genannt, auch werden ihm gerne zwei linke Hände bescheinigt. Wenn aber die Disharmonie in der entsprechenden Wandlungsphase frühzeitig als innerer Hilferuf des Holzaspektes nach Balance erkannt wird, kann diesen Kindern viel Leid erspart werden.

Katrin ist beim Sichbewegen sehr ängstlich und vorsichtig, sie versucht, alles was sie tut, genau zu kontrollieren. Wenn im Kindergarten Spiele wie beispielsweise Laufspiele oder Gruppenspiele durchgeführt werden, dann hat sie große

Mühe mitzumachen, weil sie die Bewegungen nicht gut ausführen kann. Da die Gruppe, in der sie Mitspielerin ist, meist wegen ihr verliert, ist sie als Gruppenmitglied nicht erwünscht. Dadurch wird sie immer unsicherer. Um nicht gekränkt zu werden, beteiligt sie sich von vornherein nicht mehr an den Spielen, obwohl sie gerne mitspielen möchte.

In der Puppenecke lässt sich beobachten, dass sich Katrin ein Spielzeug, mit dem sie gerade spielt, scheinbar bereitwillig von anderen Kindern wegnehmen lässt, auch wenn sie selbst damit spielen möchte. Für die anderen Kinder ist es längst klar, dass man mit Katrin machen kann, was man will.

So erscheint sie häufig überangepasst, da sie Konflikten aus dem Weg gehen möchte. Sollte sie überhaupt den Versuch unternehmen, einen Konflikt zu lösen, wirkt sie sehr unbeholfen. Gelegentlich durchbrechende Aggressivität äußert sich im Nägelkauen.

Die Wandlungsphase Feuer

Einstimmung

Es ist ein schöner Sommertag, die ganze Welt ist voller Leben und Fülle. Ein Blick durchs Fenster zeigt, dass alles in der Natur in Bewegung und voller Kraft ist. Mit einem tiefen Atemzug treten Sie durch die Tür und marschieren kräftigen Schrittes zum Park. Die warme Sonne und eine leichte Sommerbrise öffnen Ihr Herz und erfüllen es mit Leichtigkeit. Bei den ersten Schritten spüren

Sie bereits eine Lebendigkeit, die Ihnen das Gefühl vermittelt, dass jeder einzelne Schritt seine besondere Richtung und Bedeutung hat. Überall um Sie herum verspüren Sie eine Kraft in der Natur, die einem größeren Zweck zu dienen scheint. Die Vögel lehren ihre Jungen das Fliegen und das Jagen von Nahrung, die Bienen sammeln Pollen und flüstern mit ihren summenden Flügeln einander Botschaften zu und selbst die Früchte tragenden Bäume scheinen mit ihren kräftigen Ästen eine besondere Ausstrahlung zu haben. Das ganze Bild erfüllt Ihren Körper mit einer tiefen, warmen Freude.

Während Sie sich dem Park nähern, hören Sie entfernt die Töne klassischer Musik herüberwehen, und Sie erinnern sich, dass heute ein Konzert mit einem bekannten Dirigenten stattfindet. Im Hintergrund finden Sie einen Sitzplatz, der Ihnen einen wundervollen Überblick über die gesamte Szenerie bietet. Sie verspüren ein kribbelndes, freudiges Gefühl von Stimmigkeit. Ihre Augen werden von dem Dirigenten angezogen – fasziniert und gebannt von seiner Orchestrierung. Sie fragen sich, was Ihre Aufmerksamkeit so erregt. Gespannt beobachten Sie, wie er mit feinen Bewegungen, Gesten und durch ausgedrückte Stille die ganze Szene dirigiert. Wieder verspüren Sie dieses tiefe, freudige Gefühl in sich. Woher kommt es?

Ein sanftes Heben des Armes und sämtliche Geiger stimmen ein, ein kurzer Blick der Bestätigung zur Flötistin und sie wiederholt virtuos ihre Melodie. Alle scheinen perfekt aufeinander abgestimmt und eingestimmt zu sein, Note für Note, sich gegenseitig unterstützend. Ja, genau das ist es! Ein Bild voller Harmonie und tiefer Bedeutung. Es ist nicht nur die Musik allein, die das Gefühl der Freude vermittelt, es ist vielmehr der Dirigent, der mit großer Empfindsamkeit unterstützt, führt und wie ein Bildhauer sein Werk formt. Dabei bemerken Sie bei näherer Betrachtung, dass er Begeisterung und Leichtigkeit ausstrahlt. Seine Präsenz und Fähigkeit zu dirigieren und das Gespielte zu einem Klang von großer Schönheit zu vereinen, fasziniert Sie. Jeder einzelne Musiker ist durch seine Präsenz berührt und fügt seinen ganz persönlichen Ton dieser Gesamtkomposition hinzu.

Ein überwältigendes Gefühl der Freude durchströmt Sie. Jetzt erkennen Sie, dass jeder von uns der Dirigent seines eigenen Lebens ist. Unser Leben hat eine Bedeutung. Wird dieser tiefere Sinn zum Ausdruck gebracht, so wird die gleiche Begeisterung und Leichtigkeit für uns selbst und andere spürbar – mit Wärme erfüllt lehnen Sie sich zurück und genießen den Rest des Konzerts.

Wie sich die Wandlungsphase Feuer im täglichen Leben zeigt

Die Fähigkeit zur Freude und Begeisterung und die Fähigkeit sie auch auszudrücken, verdanken wir der Wandlungsphase Feuer. Voller Begeisterung werden Aufgaben angegangen und Probleme gelöst – mit Recht kann man hier sagen, dass wir mit »Feuer und Flamme« dabei sind.

Unser klarer Ausdruck auf emotionaler Ebene und unsere Fähigkeit, Nähe herzustellen, macht es uns leicht, Beziehungen aufzunehmen und diese auch aufrecht zu erhalten. Eine gute Kommunikationsfähigkeit, geprägt von wirklichem Interesse für die anderen und deren Umgebung, ermöglicht uns, unsere sozialen Kontakte zu erweitern. Hierbei führt das Sich-selbst-und-andere-Anerkennen zu einem menschlichen Klima, das von einer herzlichen und warmen Atmosphäre geprägt ist. Hinzu kommen die Offenheit auch für Andersartiges und das Offenbleiben bei Auseinandersetzungen. Das Talent, verschiedene Standpunkte miteinander in Einklang zu bringen, ohne dabei den roten Faden zu verlieren, verschafft uns eine natürliche Autorität. Durch die Fähigkeit, ein Gefühl der Zugehörigkeit zu schaffen, geben wir anderen das Empfinden, Teil einer Gruppe zu sein. Eine ausgesprochene Realitätsbezogenheit macht es uns leicht, Dinge zu bewerten, dies aber niemals verletzend, sondern wertschätzend. So kommen wir schnell auf den Punkt und wissen genau, warum wir etwas machen.

Als guter, humorvoller und sehr selbstsicherer Redner, der zugleich von einer inneren, stillen Weisheit erfüllt ist, wirken wir auf andere mitreißend und strahlen doch eine ruhige Freude aus. Das Feuer verleiht uns die Leichtigkeit, das Leben von der sonnigen Seite zu nehmen.

Der Ausdruck des Feueraspektes in seiner ausgewogenen und gestörten Form beim Kind

Ein Kind mit ausgewogenem Feueraspekt wird mehrmals am Tag mit Begeisterung verschiedene Spielideen verwirklichen, die es oft spontan beginnt. In seiner Lebendigkeit wirkt es auf andere motivierend und mitreißend. Es ist ein gesuchtes Kind bei Gruppenspielen, da es durch seine rasche Auffassungsgabe schwächere Kinder oft unterstützt. Weil es die Schwächen anderer akzeptiert, fühlen sich diese aufgefordert, sich von ihrer besten Seite zu zeigen. Als

Spielpartner unterstützt es die anderen in der ruhigen Gewissheit seiner eigenen Fähigkeiten, ohne von sich aus in den Vordergrund zu treten. Da es gerne fröhlich ist, herzlich lacht und mit Empfindsamkeit und liebevollem Zugewandtsein den anderen begegnet, ist es ein beliebter Spielpartner, der auch gerne auf ihre Einladungen eingeht und zur Aufrechterhaltung von Spielbeziehungen beiträgt.

Immer interessiert an seiner Umgebung zeigt es auch schwierigen, d.h. oft unmotivierten Kindern gegenüber keine Ablehnung und eignet sich aufgrund seiner Vorurteilslosigkeit besonders gut als Mitspieler. Es ist sehr gut in der Lage, Spielverlauf und Spielwirklichkeiten realistisch einzuschätzen. Da es Sicherheit ausstrahlt (begründet in dem Bewusstsein, anerkannt und auch geliebt zu werden), über eine natürliche Autorität verfügt und von innerer Harmonie geprägt ist, lässt es keine Provokation oder störendes Verhalten zu, noch provoziert es selbst solches Verhalten.

Wenn nötig und wünschenswert, äußert es sich in einer ruhigen, sicheren und deutlichen Sprache, die ihm ein immer zur Verfügung stehendes Mittel differenzierter Kommunikation ist. Das äußere Erscheinungsbild ist geprägt von wachen, interessierten Augen, einer gesunden Gesichtsfarbe mit oft leicht geröteten Wangen und selbst bei ruhigeren Spielen von einer Lebhaftigkeit, die die anderen motiviert.

Bei gestörtem Feueraspekt zeigt sich diese Lebhaftigkeit oft als kraftvolle, aber ungebändigte, sich in den Vordergrund drängende Bewegung, die nie lange aufrecht erhalten wird. Seine Aktivität ist gekennzeichnet durch kurze und heftige, mit rotem Gesicht und starkem Schwitzen einhergehende Körperaktion, die dann schnell zu einer Ermüdung und Erschöpfung führt. Bei der ersten Begegnung verhält sich dieses Kind oft ungehobelt und bringt uns Misstrauen entgegen. Unruhe, leichte Erregbarkeit, das ständige Auf-der-Suche-Sein nach Zerstreuung und Ablenkung lassen seine Spielideen nicht ruhig oder spontan entstehen. Langweilige Situationen hält es ebenso wenig aus wie das Teilnehmen am Spielgeschehen über einen längeren Zeitraum hinweg.

Bei gemeinschaftlichen Spielen verleitet seine schnelle Auffassungsgabe zum sofortigen Mitteilen, ständigen Reden und Nicht-Abwarten-Können. Es strebt nach bestmöglicher Lösung im Sinne von Perfektion, kann aber durch seine selbstgefällige Art für schwächere Kinder ein zu arroganter, bloßstellender und ehrgeiziger Spielpartner sein. Stimmungen wechseln leicht von himmelhoch jauchzend in zu Tode betrübt ebenso wie von hektisch und rastlos zu geistig abwesend und verstummend. Überbewertung von vergleichbar Belanglosem mit hitzigen Reaktionen und starkem emotionalen Ausbruch sind ebenso ein typisches Beispiel für den unausgewogenen Feueraspekt wie der ewige Witzbold, Kasper oder Klassenclown.

Fast immer steckt dahinter ein Streben nach Anerkennung, die ihm zwar gewährt, doch dann wieder entzogen wird, da es nicht in der Lage ist, Beziehungen aufrecht zu erhalten. Damit verbundene Signale der Umwelt wie Ablehnung und Ausschluss vom Spiel fördern die eigentliche Grundangst dieser Kinder (»Ich bin nicht okay!«) und führen zum verstärkten Abbau sozialer Kontakte. Oft neigen diese Kinder zu Störungen bei der Aufnahme von Informationen, auch bei mehrmaligem schrittweisen Erklären.

Störungen des Sprachflusses und undeutliche Sprache sind häufige Auffälligkeiten. Daneben können Hörschwierigkeiten, insbesondere bei vermehrten Hintergrundgeräuschen, auftreten, so dass nicht mehr einzelne Laute wie beispielsweise das Rufen des eigenen Namens herausgehört oder auseinander gehalten werden können. Beim Sitzen oder Malen fallen hochgezogene Schultern und verspannte Arme bis hin zu verkrampften Fingern dem Betrachter auf. Krankheiten äußern sich in hohem Fieber, Entzündungen von Ohren und Hals, oft auch als Reaktion auf minimale Temperaturschwankungen.

Sebastian, acht Jahre

Sebastian stottert erkennbar seit seinem dritten Lebensjahr. In dem integrativen Kindergarten, den er besucht hat, war dies nie ein Problem. Er war immer ein fröhliches und sonniges Kind. Seine Lebendigkeit und Vitalität wirkte auf die gesamte Gruppe ansteckend. An den anderen Kindern war er sehr interessiert und hatte auch viele Freunde. Den Erzieherinnen fiel besonders seine rasche Auffassungsgabe auf.

Das änderte sich zunehmend, nachdem er mit sieben Jahren in die Grundschule kam. Voller Freude und Aufregung hatte er sein Schulkind-Dasein begonnen. Doch bald schon musste er erfahren, dass alle seine Versuche, mit den Mitschülern ins Gespräch zu kommen, im Spott endeten. Dies führte dazu, dass er immer stiller wurde. Zum Stottern kam dann vor Aufregung noch Erröten hinzu. Dieser Spott löste in ihm starke Angstgefühle aus und verschlimmerte das Stottern dramatisch. Um der Gefahr des Angesprochenwerdens zu entgehen, zog er sich immer mehr von seinem sozialen Umfeld zurück und wurde zum Einzelgänger.

Jetzt, mit acht Jahren, wirkt er nach außen geistig abwesend und im Umgang mit anderen desinteressiert, obwohl er sich so sehr einen Freund wünscht. Wenn er im Unterricht vom Lehrer aufgerufen wird, empfindet er das als Bedrohung. Seine Beteiligung am Unterricht ist dementsprechend gering, obwohl er den Stoff gut beherrscht. Allein die Vorstellung, vor der ganzen Klasse etwas sagen zu müssen, löst bei ihm Sprachlosigkeit aus. So wurde aus dem fröhlichen Kind ein oft deprimiertes und trauriges Kind.

Die Wandlungsphase Erde

Einstimmung

Es ist ein sonniger Tag im noch jungen Herbst und so fassen Sie den Entschluss, mit einem Picknickkorb eine nahe gelegene Obstwiese aufzusuchen. Die Luft ist frisch und klar und streift Ihr Gesicht als belebende, aromatische Brise. Einige in der Nähe stehende Bäume glänzen gelb und golden im Sonnenlicht mit ihren sich verfärbenden Blättern. Fast sämtliche Jahreszeiten scheinen in dieser malerischen Szene noch einmal zum Ausdruck zu kommen: der ausklingende Sommer und der sich andeutende Herbst, der wiederum den kommenden Winter schon erahnen lässt. Unter einem Baum voll reifer Äpfel breiten Sie eine Decke aus und stellen Ihren Picknickkorb darauf. Die weiche, noch warme Erde unter der Decke verführt Sie dazu, sich gemütlich auf der Decke auszustrecken und die Apfel tragenden Äste zu betrachten, die über Ihnen wippen.

Langsam schließen Sie Ihre Augen, während sich Ihnen der Gedanke aufdrängt, wie es sich wohl für den Baum anfühlt, seine Wurzeln so tief in die fruchtbare, warme Erde zu schicken. Auf einmal spüren Sie dieses Gefühl am eigenen Körper, nehmen es selbst wahr – Sie selbst scheinen die Wurzeln zu sein und tauchen tiefer in die Erde ein, dem Weg zur Nahrung folgend. Je tiefer Sie reisen, desto mehr wird Ihnen bewusst, dass nicht nur dieser eine Baum von der Erde genährt wird, sondern alles Leben. Tausende von Wurzeln und Würzelchen durchziehen die tieferliegenden Schichten. Eingehüllt in diese Geborgenheit und Sicherheit spüren Sie die Gemeinsamkeit mit den Pflanzen, der Tierwelt, den Wasserwegen und selbst mit der Atmosphäre an der Oberfläche – Sie spüren eine gegenseitige Unterstützung.

Noch tiefer tauchen Sie nun ein. Während die Erdschichten sich mehr und mehr verdichten, fühlen Sie sich kräftiger und gefestigter werden. Zur Gewissheit wird, dass die ganze Erde von Leben erfüllt ist und dass dieses Leben aus tiefster Tiefe kommt und sich seinen Weg vom Mittelpunkt der Erde bis hin zur Oberfläche bahnt. Auch Sie spüren dieses pulsierende Leben. Diese Gewissheit fühlt sich räumlich begrenzt und gleichzeitig grenzenlos an – es ergreift Sie ein überwältigendes Gefühl, tief in Ihrem Innersten spüren Sie die Balance zwischen allem Leben und eine Verbindung zu allem Lebendigen, während Sie sich selbst inmitten dieser vielschichtigen Bewusstseinsebenen eingebettet fühlen. Alles steht miteinander in Verbindung, alles hat eine gemeinsame Basis.

Sie öffnen Ihre Augen und ruhen sich für einen Moment aus, um Ihre tagträumerischen Erlebnisse zu verinnerlichen. Sie spüren Ihren Körper prickeln, fühlen sich leicht und sicher und geerdet. Hunger macht sich bemerkbar. Nun öffnen Sie den Picknickkorb und genießen Ihre einfache Mahlzeit.

Wie sich die Wandlungsphase Erde im täglichen Leben zeigt

Sicher kennen Sie alle das Gefühl, plötzlich in Gegenwart eines Menschen Wärme und Zuwendung zu spüren, ohne dass dieser Mensch große Worte macht oder durch Handlungen auffällt. Er ist einfach da, in sich ruhend und strahlt Wärme und Sicherheit aus. Auch die größte Hektik bringt ihn nicht aus der Ruhe, er ist wie ein Fels in der Brandung. Diesem Menschen kann man vertrauen, denn er steht zu seinem Wort. Er ist in der Lage abzuwarten, bis ein Prozess ausgereift ist, um dann mit Erfahrung und Überlegung zu handeln. In der Team-Arbeit schafft er den tragfähigen Boden, auf dem ein gemeinsamer Konsens wachsen kann. Aufgrund seines guten Gedächtnisses und seiner großen Konzentrationsfähigkeit geht ihm die Arbeit zügig von der Hand. Benötigen Kollegen einmal Informationen, hat er diese parat.

Die Meinung anderer kann er gelten lassen, und er findet versöhnliche Worte, um die Harmonie in der Gruppe wiederherzustellen, auch indem er immer wieder an die gemeinsame Basis erinnert. Er ist zugleich derjenige, der sich darum kümmert, einem kranken Kollegen Blumen und eine Karte mit den Unterschriften des ganzen Teams zu schicken. Er trägt Sorge, dass während einer Teamsitzung Getränke und irgendetwas zu knabbern vorhanden sind und dass es ein gemütliches Plätzchen in der Firma gibt. Auch sein Arbeitsplatz ist schön gestaltet, vielleicht mit einer dampfenden Tasse Tee auf dem Tisch und einigen üppigen Pflanzen im Raum.

Gerät allerdings die Erde-Kraft in Disharmonie, so kann sich das in einer übertriebenen Großzügigkeit, in einem alle Bemuttern-Wollen äußern. So versucht er, sich überall unentbehrlich zu machen und braucht ständig die Anwesenheit anderer. Möchte man den neuesten Büroklatsch erfahren, ist man bei ihm an der richtigen Adresse. Einerseits ist dieser Mensch übertrieben hilfsbereit und selbstlos, andererseits aber wehe, die Kollegen vergessen einmal seinen Geburtstag!

Der Ausdruck des Erdaspektes in seiner ausgewogenen und gestörten Form beim Kind

Das Erde-Kind ist eine Bereicherung für jede Gruppe. Es ist selbstsicher in seinem Verhalten und Auftreten, ohne besserwisserisch oder altklug zu wirken.

Ihm genügt seine eigene Urteilskraft zur Bewertung, es ist aber offen für Ratschläge von außen, die es wohlwollend prüft. Ohne auf der Suche nach Bestätigung von außen durch andere zu sein, ist es sicher in seiner Urteilsfähigkeit. Es muss nicht im Mittelpunkt stehen, kommt aber stets zu seinem Recht, ohne dies einfordern zu müssen. In der Tat fühlen sich Personen in der Umgebung des Erde-Kindes gerade wegen dieser wenig fordernden Art dazu eingeladen, sich ihm zuzuwenden.

Bedürftigen Kindern oder Erwachsenen gegenüber zeigt es immerwährende Bereitschaft zur Hilfe und Unterstützung und kann diese auch von anderen annehmen. Damit bestärkt es schwächere Kinder, ebenfalls ihre Hilfeleistung anzubieten. Es sorgt für die Befriedigung seiner Bedürfnisse auch im Materiellen, doch da es nie das Beste oder Schönste für sich beansprucht, erhält es auch das Gewünschte bereitwillig. Hierzu ein Beispiel:

Die Kinder basteln. Das Erde-Kind überlegt sich, was es braucht, und es besorgt sich vor Beginn seiner Tätigkeit die entsprechenden Materialien oder es vergewissert sich, dass alles da sein wird. Es gibt sich aber auch mit akzeptablen Kompromissen in der Materialauswahl zufrieden.

Freundschaften entstehen nicht leicht und schnell, doch grundsätzlich ist das Aufeinanderzugehen durch Aufgeschlossenheit und Hilfsbereitschaft gekennzeichnet. Es schließt oft Freundschaften mit scheinbar weniger attraktiven Kindern, weiß und erkennt aber deren Qualitäten und fördert sie dadurch zutage, so dass diese Kinder durch die Stärkung ihrer Fähigkeiten zu attraktiveren und gesuchteren Freunden werden. Engen Freunden gegenüber verhält es sich in Krisensituationen treu und loyal, es ist ein Freund, um dessen Akzeptanz man nicht ständig ringen muss und auf dessen Unterstützung in allen Situationen man sicher zählen kann.

Befindet sich dieses Kind in einer Gruppe, begünstigt es die Entstehung eines echten Gruppengefühls. Ein Gruppengefühl, das sich in der Anerkennung der unterschiedlichen Stärken einzelner Gruppenmitglieder unter Rücksichtnahme auf Schwächere auszeichnet. Erde-Kinder schaffen Verbindung zwischen Gegensätzlichem oder Andersartigem. Sie können trösten oder Trost anbieten, ohne zwanghaft darauf zu bestehen, dass dieser auch angenommen wird.

Das Erde-Kind fühlt sich grundsätzlich angenommen und ist zufrieden mit sich und der Welt. Es ist bei sich und in der Welt zu Hause und sucht sich Menschen und Orte, die dieses Gefühl bestätigen und wachsen lassen und die es nicht in Frage stellen. Ein Erde-Kind kann unklare und unsichere Zeiten in dem Wissen und Vertrauen auf eine zufriedenstellende Lösung aushalten. Es kann also – in seinem kindlichen Rahmen – Geduld aufbringen. Erlebtes oder Geschehenes kann es aufnehmen und so verarbeiten, dass es zu einem abrufbaren Wissen wird und ihm auch bei komplexeren Zusammenhängen zur Verfügung steht. So kann es auch beim Spielen oder im Unterricht abwarten, bis es an der Reihe ist.

Seine Abstraktions- und Interpretationsfähigkeit helfen ihm, Gelebtes und Erlebtes auf andere Lebensbereiche zu übertragen. Seine Gedanken sind geordnet und logisch aufgebaut. Es kann sich gut konzentrieren und nimmt offen Erlebnisse, Empfindungen und fremde oder auch ihm bekannte Einflüsse auf. Es gelingt ihm, diese zu integrieren und zu verarbeiten sowie differenzierte Lebenszusammenhänge zu erkennen. Es kann anschmiegsam sein und mag kuscheln, es braucht Körperkontakt und sucht ihn auch von sich aus. Aber es kann auch selbst Nähe schaffen und Wärme sowohl verbal als auch körperlich geben. Diese Fähigkeiten und Eigenschaften wirken auf andere Kinder so anziehend, dass sie sich bei einem Erde-Kind sehr aufgehoben fühlen.

Das Kind mit gestörtem Erde-Aspekt verwendet genau diese Energie, also das Sammeln von Wissen und Eindrücken, Gesehenem und Erlebtem, zur Bildung seiner eigenen Realität. Es reiht Erlebnisse aneinander ohne die Fähigkeit, kausale Zusammenhänge herzustellen oder auch zu fokussieren. Dadurch wird ihm seine Welt unüberschaubar, fremd und beunruhigend. Alles Fremde lehnt es ab, da es seine kleine Wirklichkeit noch mehr verwirrt. So ist es in seiner Suche nach Gewissheiten immer auf andere angewiesen und versucht diese Gewissheit über Bestätigung und Zuneigung immer neu zu finden. Es hat kein Gefühl für die eigene Bedeutung und Bedeutsamkeit und muss Verhaltensweisen wie Aggressivität oder dauernde körperliche Beschwerden zeigen, um sich die Beachtung anderer zu sichern.

Es ist ein unbequemer, übellauniger, unausgeglichener, oft überkritischer Zeitgenosse, dessen treibende Kraft die eigene Unsicherheit ist. Es ist erfüllt von dem Bestreben, anerkannt, beschützt, einbezogen und gemocht zu werden. Überstarke Zuwendung für andere (»Helfer-Syndrom«), übertriebene Großzügigkeit und einschmeichelndes Verhalten können ein Versuch sein, sich diese Anerkennung zu verschaffen.

Eine andere Möglichkeit ist die des Rückzugs in eine Scheinwelt, die abgegrenzt von Lebenswirklichkeiten existiert und durch Lesen genährt wird. Der

Lesestoff darf nicht zu anspruchsvoll sein, damit keine allzu große Verwirrung in seiner kleinen Welt entsteht. Da aber dieser Lesestoff als geistige Energie für das an und für sich wissbegierige Kind nicht genügend Anreize gibt, schaffen oft Süßigkeiten Ausgleich.

Häufig fühlt sich das Kind mit gestörtem Erde-Aspekt bei Entscheidungen übergangen oder ungenügend beachtet. Dann bemitleidet es sich selbst, schluckt seinen Kummer darüber hinunter, zieht sich zurück, ist innerlich unruhig und zappelig, was kurz darauf auch äußerlich sichtbar wird. Da es nicht genügend sicher in der Beurteilung seines eigenen Wertes (Selbstwertgefühl) ist, fehlt ihm oft die Lust, sich mit sich selbst zu beschäftigen, denn auch das Spiel mit sich selbst muss etwas wert sein. Dann wieder lässt sein Mangel an Überblick, Einschätzung und Differenzierungsmöglichkeit ihn einer fixen Idee nachhängen, die zu einer entsprechenden Weiterentwicklung nur Unwesentliches beizutragen hat.

Täglich gleiche Gegebenheiten oder stereotyp verlaufende Tätigkeiten ziehen sich bei dem Kind mit gestörtem Erde-Aspekt wie ein roter Faden durch den Alltag. Störungen einer gewohnten Ordnung erzeugen in ihm Angst. Deshalb sind ein überschaubarer, sinnlich fassbarer Lebensraum und eine sinnvolle tägliche Planung mit Wiederkehrungen notwendig. Auch ist es für dieses Kind wichtig, nicht mehr zu versprechen, als es vielleicht einlösen kann. Dieses Kind benötigt Vertrauen schaffende Maßnahmen zur Sicherung seiner Entwicklung. Das Gefühl einer gemeinsamen Basis und die Sicherheit, Unterstützung zu erhalten, sind für dieses Kind eine große Hilfe. Da es oft seine Gedanken nicht ordnen kann, fehlt ihm die Fähigkeit zu fokussieren, um dann zielgerichtet und sicher zur Tat zu schreiten. Deshalb sorgt es sich oft um Dinge, die für andere zu überschauen und einzuordnen überhaupt kein Problem darstellen.

Dem unausgewogenem Erde-Kind fällt es schwer, Übergänge zu leben, den Schritt von einer Wandlungs- und Lebensphase in die nächste zu vollziehen. So sitzt es noch beim Malen, wenn die anderen schon schneiden oder bricht das Malen ab und beginnt zu schneiden, obwohl es noch nicht so weit ist. Diese Übergangsstörungen äußern sich auch beim Schlafen, Konzentrieren oder auch beim Essen. Es ist eine Form der Schwerfälligkeit, die sich auch körperlich durch eine größere Körperfülle als dem Alter angemessen manifestiert. Tapsigkeit und Unsicherheit gehen mit Bänder- und Bindegewebsschwäche einher. Es bekommt schnell blaue Flecken und neigt dazu, über seine eigenen Füße zu stolpern oder vom Stuhl zu fallen.

Häufiges hypochondrisches Verhalten ist eine Möglichkeit, auf sich aufmerksam zu machen. Seine Krankheitssymptome sind neben Magenempfindlichkeiten häufig entzündete Mundwinkel, Diabetes und Nasennebenhöhlenentzündungen. Die vielfältigen Formen von Ess-Störungen bis hin zur Nahrungsverweigerung sind ebenfalls Ausdruck einer Störung der Wandlungsphase Erde. Für dieses Kind ist eine ruhige und heitere Atmosphäre beim Essen eine große Hilfe.

Moritz, fünf Jahre

Moritz ist ein so genannter »schwieriger Esser«. Lustlos stochert er in seinem Essen und hat an allem etwas auszusetzen. Kommt er mittags aus dem Kindergarten nach Hause, dann kann er sich nicht gleich zu seinem Bruder an den Mittagstisch setzen, sondern muss zunächst einmal all seine Spannungen abreagieren, indem die Kindergartentasche in eine Ecke fliegt, die Schuhe in die andere und er erst einmal einen Streit mit seinem Bruder und der Mutter vom Zaun bricht. Ist dieses »Ritual« durchgestanden, setzt er sich an den Tisch. Bekommt jetzt der Bruder das Essen zuerst auf den Teller oder wird es ihm zuerst klein geschnitten, verweigert Moritz sein Essen.

Aus Gesprächen mit der Mutter wird klar, dass gemeinsame Mahlzeiten, bei denen sich die ganze Familie trifft und jeder erzählt, was er so erlebt hat, keine sehr große Bedeutung im Familienablauf haben. Seit die Mahlzeiten mit Moritz immer schwieriger werden, hat auch keiner mehr große Lust, gemeinsam mit ihm am Tisch zu sitzen. In ihrer Verzweiflung erlaubt die Mutter deswegen Moritz oft vor dem Fernseher zu essen. Hier stopft er sein Essen ohne Kommentar in sich hinein, ohne eigentlich zu registrieren, was er zu sich nimmt.

Im Kindergarten fällt auf, dass er auch bei selbst gewählten Tätigkeiten nur kurze Zeit verweilt. Zuerst ist er voller Begeisterung, doch dann fehlt ihm die Ausdauer. Er läuft dann hierhin und dorthin und beginnt immer wieder mit etwas Neuem. Möchte er etwas haben oder braucht er eine Hilfestellung, so muss das sofort erfolgen, denn er kann nicht abwarten, bis er an der Reihe ist. Mit kurzen Erklärungen oder Bitten, einen Moment zu warten, gibt er sich nicht zufrieden. Deswegen wird er bei Gruppenspielen von den anderen Kindern oft abgelehnt.

Auf Spannungen oder unangenehme Situationen, besonders in Zeiten von Übergängen und Wechseln, reagiert er oft mit Bauchweh, unabhängig davon, ob er sich zu Hause oder im Kindergarten aufhält. Auffällig ist, dass er bei rhythmischen Bewegungsspielen mit Freude und voller Konzentration dabei ist, wobei man ihm richtig ansehen kann, wie er Kontakt zu seiner eigenen Mitte, seiner Erde, spürt.

Die Wandlungsphase Metall

Einstimmung

Das Zischen der Dampfmaschine und das Kreischen der Stahlbremsen erinnert Sie an die Pünktlichkeit des Zuges, mit dem ein enger Freund von Ihnen gleich wegfahren wird. Eine stille und lange Umarmung vergegenwärtigt Ihnen beiden noch einmal die gemeinsame Zeit, die Freude, die Sie miteinander hatten, aber auch den Abschiedsschmerz. Während Sie Ihren Freund beim Einsteigen und auf der Suche nach einem Fensterplatz beobachten, wird Ihnen, als der Zug langsam losfährt, der endgültige Abschied schmerzlich bewusst.

Beim Verlassen des Bahnsteigs bläst Ihnen der kalte Herbstwind ins Gesicht. »Wie viele Abschiede und Begegnungen finden wohl tagtäglich an diesem Ort statt?« schießt es Ihnen durch den Kopf. Es erscheint Ihnen seltsam, dass diese kalte, stählerne Konstruktion so vielen tiefen Erlebnissen genügend Raum gibt. Doch Ihre »Stahl-Gedanken« schmelzen dahin, als Sie eine Mutter mit ihrem Neugeborenen sehen, die einer älteren Frau mit Tränen in den Augen »Auf Wiedersehen!« sagt, während sich unweit von Ihnen zwei Liebende leidenschaftlich begrüßen. Die Wände dieses Gebäudes scheinen Stärke und Beständigkeit zu symbolisieren, alle diese Erlebnisse finden hier zwischen diesen Mauern ihren Ausdruck.

Auf Ihrem Weg nach Hause betrachten Sie die Bäume, deren teilweise schon kahle Äste und die herabwirbelnde Blätter Zeichen des Winters sind. Die Blätter, die noch an den Ästen hängen, scheinen den Wind locken zu wollen, während sie gemeinsam mit den an ihnen vorbeiwehenden Blättern tanzen. Ihre schimmernden Farben in leuchtendem Gold, Orange, Rot, Gelb und Grün zeigen den jeweiligen Grad ihrer Veränderung an und machen den Loslösungsprozess sichtbar. Wenn die Zeit gekommen ist, werden die Bäume ganz kahl und sind für den Winter vorbereitet. Genauso, wie wir uns erst dann von den Stationen in unserem Leben lösen können, wenn wir bereit sind, den nächsten Schritt zu gehen. In jedem Moment drückt die Natur Leben aus und akzeptiert alle Veränderungen, die es mit sich bringt. So nehmen Sie eine Weisheit wahr, die Ihnen die Natur mit einfachen Dingen offenbart. Sie empfinden ein tiefes Gefühl von Anerkennung ihr gegenüber.

Zu Hause angekommen, schließen Sie die Tür auf und schauen noch einmal über Ihre Schulter zurück: Ein großer Respekt erfüllt Sie und Sie fühlen sich mit der Natur und ihrem Wechsel der Jahreszeiten ebenso wie mit Ihren Freunden, Ihrer Familie und der ganzen Menschheit tief verbunden.

Wie sich die Wandlungsphase Metall im täglichen Leben zeigt

Vor einigen Jahren traf man noch in vielen Firmen, besonders in den kleineren, ein Fräulein Maier, das seit seiner Lehrzeit in diesem Betrieb tätig war und fast schon zum Inventar gehörte. Fräulein Maier wusste, wo alles zu finden war und wie alles gemacht werden musste.

Neue Mitarbeiter bekamen auf sehr subtile Art und Weise diese angestammten Rechte bald zu spüren. Da war der vorwurfsvolle Blick auf die Uhr, wenn man morgens ein paar Minuten zu spät kam oder gar die Pause überzog. Allein schon ihre Gegenwart bewirkte ein schlechtes Gewissen. Hatte man einen Vorgang einmal falsch abgelegt, fand sie ihn mit Sicherheit und gab einem die Unterlagen mit dem Kommentar zurück: »Das wurde bei uns bisher immer so und so gemacht!« Alles hatte seinen angestammten Platz, sei es die schrumpelige Pflanze auf dem Fensterbrett oder die Kaffeedose in der rechten Schranktür. Ordnung musste sein und Änderungen waren unerwünscht.

Ihr übertriebenes Pflichtgefühl weckte bei manchen Mitarbeitern Schuldgefühle, selbst wenn sie die Firma am Feierabend pünktlich verließen. Lief etwas schief, war sie selbstverständlich nie daran schuld, aber ohne es groß zu betonen, ließ sie bei allen durchblicken, wer der Schuldige war. Immer wieder stellte sie klar: »Früher war das anders, da hätte es so etwas hier nicht gegeben!« Selbst bei der einfachsten Informationsübermittlung schwang in ihrer Stimme ständig ein stiller Vorwurf mit.

Als scharfe Beobachterin war sie immer über alle Vorgänge in der Firma informiert, ohne dabei ihre wahren Gefühle zu zeigen. Dem Chef oder der Chefin gegenüber begegnete sie übertrieben höflich, und sie hätte niemals eine ihr angetragene Aufgabe abgelehnt. Saßen die Kolleginnen und Kollegen einmal mit einer Tasse Kaffee zu einem Schwatz zusammen, verstummte das Gelächter, sobald sie in der Nähe erschien, und in Kürze löste sich die Gruppe auf. Jeglicher Versuch, sich ihr auf einer persönlichen Ebene zu nähern, wurde durch ihre unnachgiebige Strenge im Keim erstickt. Abgemilderte Vertreter dieses Metall-Typus sind auch heute noch in vielen Firmen anzutreffen.

Der Ausdruck des Metallaspektes in seiner ausgewogenen und gestörten Form beim Kind

Unsere Metall-Kinder erkennen wir am leichtesten in Situationen, die Ordnung, Gerechtigkeit, Pflichten und Ehrlichkeit verlangen oder hervorrufen.

Ein Metall-Kind lässt sich gerne von festen Regeln und Bestimmtheit in den Aussagen leiten. So sind beispielsweise Regel- oder Brettspiele ein gern genutzter und bereitwillig mit anderen geteilter Bereich. Das Metall-Kind braucht Struktur und Eindeutigkeit, ist aber selbst sehr genau und stark motiviert in dem Wunsch nach Qualität – auch in seiner eigenen Arbeit. Werden Aufgaben verteilt, ist dieses Kind eifrig und gründlich. Es kann aber auch deutlich erkennen, wenn es ausgenutzt zu werden droht – dann geht es auf Distanz oder reagiert ablehnend. Es braucht seinen Freiraum innerhalb einer für ihn akzeptablen und spürbaren Be-Grenzung. Es nimmt sich in selbstverständlicher Eindeutigkeit seinen Raum, es kann aber anderen auch Raum zugestehen. Das Verhalten dieses Kindes und auch sein Spiel lassen Struktur und Ordnung entstehen, in denen auch die anderen ihren Platz finden können.

Am ehesten fällt das Metall-Kind in Gruppen auf, denen eine Führung fehlt, zum Beispiel dann, wenn die Mitarbeiterin in der Gruppe das Geschehen nicht in der Hand hat. Es versucht dann, »Gesetz« zu sein und das meist auf unangemessene Weise, weil es mit dieser Aufgabe überfordert ist. Oder es schlägt den direktesten Weg ein, um an eine Grenze zu stoßen.

Die schnelle Auffassungsgabe oder auch das intuitive Erfassen einer Situation verblüffen oft Freunde und Mitarbeiter. Das Metall-Kind ist lernfähig, kann das Erlernte auswerten und in ein für sich brauchbares und anwendbares Wissen umsetzen. Es ist der kleine Professor in der Gruppe, der mit Akribie und geradezu analytischer Präzision »den Dingen auf den Grund geht.« In seinem Vorgehen kann es sehr beharrlich sein, hat eine klare Linie und bei genügender Wert-schätzung für die Aufgabe auch hohe Disziplin in der Durchführung. Sollte jedoch die Situation eine Umorientierung erfordern und von einer einmal gefassten Entscheidung Abstand genommen werden müssen, bewerkstelligt es dies im Wissen um das Nutzbringende des Neuen, indem es das Beste aus der Situation macht.

Anerkannnt und respektiert zu werden, ist für alle Kinder wichtig. Doch das Metall-Kind zeigt sich, zeigt seine Stärken und auch seine Schwächen und erwartet, dass diese Offenheit geachtet wird. Dabei ist es den Schwächen anderer gegenüber tolerant. Von neuen Ideen lässt es sich inspirieren, nachdem es deren Wert für sich selbst eingeschätzt hat. Ebenso geht es ihm mit neuen Kontakten, für dessen Pflege und Erhalt es sich einzusetzen bereit ist. Dabei kann es jedoch gut spüren, welche Kontakte ihm nicht gut tun. Von diesen Kontakten nimmt es Abstand. Solch ein Kind kann man fordern, es fühlt sich seinen Aufgaben gewachsen und erkennt den Wert, den das Neue, von ihm Bewältigte für es hat. Es ist, wenn es um seine Meinung oder Einschätzung der Dinge befragt wird, nie um eine Antwort verlegen, gibt diese aber auf diplomatische und taktvolle Weise.

Auch eine andere Art des Taktes, nämlich der des Rhythmus, ist für dieses Kind von Bedeutung. Das Gespür für Stimmigkeiten beim Gehen, Sprechen, Tanzen, für die Harmonie und Rhythmik der Bewegungen gehört ebenso zu seinen Stärken wie der rhythmische Wandel seiner Gefühle, die situationsbedingt angepasst sind, ohne exzessiv oder unterdrückt zu werden.

Ist der Metall-Aspekt bei einem solchen Kind unausgewogen, macht sich dies oft über unser Kontaktorgan Haut und Schleimhaut bemerkbar. Die Haut spielt für Kinder eine wesentlich bedeutsamere Rolle als für uns Erwachsene, da Kontaktaufnahme, Bestätigung, Anerkennung und Zuneigung bei Kindern direkter über dieses Kontaktorgan stattfinden und von ihnen auch darüber wahrgenommen werden. Hautausschläge, Ekzeme und Infektionen der Atemwege (Schleimhäute) oder auch Austrocknung der Schleimhäute sind ein langfristiges Signal für eine Störung des Metall-Aspektes beim Kind. Auch leidet so ein Kind oft unter Durchfall oder Verstopfung, trockener Nase, Nasenbluten oder Husten. Häufig seufzt es, hat eine flache Atmung und ist oft traurig oder niedergeschlagen. Es wirkt zurückgezogen und ist in seiner Kontaktaufnahme blockiert. Versuche von anderen Kindern, in Kontakt mit ihm zu kommen, beantwortet das Metall-Kind meist, indem es belehrend auftritt oder einen übergroßen Ehrgeiz entwickelt.

Es strebt nach sehr hohen Idealen. Das hat zur Folge, dass bei diesem Kind keines seiner von ihm erarbeiteten Werke seiner Vorstellung entspricht. Deswegen kann es auch nichts zum Abschluss bringen, weil es sich selbst nicht genügt. Die Neigung zur Ordnung bei einem Kind mit gestörtem Metall-Aspekt kann sich bis hin zur Zwanghaftigkeit und Überstrukturierung steigern. Ohne eigene Struktur ist dieses Kind Fremdeinflüssen schutzlos ausgeliefert und kann sich aufgrund fehlender eigener Wertvorstellungen nicht von ihnen abgrenzen. Es ersetzt jedoch den Mangel an eigener Schutzfähigkeit und eigenen Werten, indem es Orientierungsmaßstäbe von anderen übernimmt. Diesem Kind fehlt die eigene innere Sicherheit und es sucht diese zwangsläufig auf einer äußeren Ebene, indem es beispielsweise eine übersteigerte Sauberkeitsvorstellung oder eine übertriebene Ordnungsliebe entwickelt. Vor allem darf keine noch so geringe Veränderung von außen kommen. Es hat ein starkes Bedürfnis nach Ruhe und verwechselt oft Nichtstun und Abwarten mit dem Finden von Lösungen für bestimmte Situationen.

Das unausgewogene Metall-Kind geht oft Freundschaften ein, unter denen es leidet, da diese es erdrücken oder beherrschen. Es ist aber nicht in der Lage, sich von ihnen zu befreien oder zu diesen »unliebsamen« Freunden auf Distanz zu gehen. Auf der anderen Seite lässt es aber keine Annäherung von anderen zu, zum Beispiel von jenen, die sich um es bemühen und die ihm aus solch belastenden Kontakten heraushelfen wollen.

Bei einem Kind mit gestörtem Metall-Aspekt können auch Rechtschaffenheit, Ordnungsliebe und Wahrheit so stark ausgeprägt sein, dass es durch Besserwisserei auffällt und ständig mit dem eigenen Wissen glänzen muss. Auch Rechthaberei, Rebellion gegenüber den Erwachsenen oder das Streben, es ihnen im Übermaß recht machen zu wollen (»Petze!«), sind Ausdruck dieser Störung. Mit seinen Mitspielern verfährt dieses Kind unnachgiebig und streng, in seinen Urteilen und Bewertungen ist es hart. Bei einem unausgewogenen Metall-Kind nimmt das sonst so befriedigende Pflichtgefühl überhand, indem es die Wichtigkeit von Kleinigkeiten übertreibt und es spitzfindig, pedantisch und pingelig wird.

Es entwickelt seine Fähigkeit, aus Erlebtem und Gelerntem Nutzen zu ziehen, so stark, dass es versucht ist, andere auszunutzen. Es wirkt und wird berechnend, sucht und nimmt sich stets den besten Teil und verhält sich anderen gegenüber habsüchtig und lieblos. Ist dieses Kind Teil einer Gruppe und kommen neue, fremde Erwachsene hinzu, schließt es sich diesen sofort an, indem es sich ihnen distanzlos und auf unangenehm aufdringliche Weise nähert. Dies kann bis zur Anbiederung führen. (Solche Kinder sind im hohen Maße missbrauchgefährdet!) Bei Freunden überschreitet es die Grenzen natürlicher Distanz und respektiert auch nicht deren Versuch, sich zurückzuziehen. Alles in allem wird ein unausgewogenes Metall-Kind eher als unangenehm denn als verhaltensauffällig empfunden.

Manuel, fünf Jahre

Mit seinen hellen Haaren und seiner blassen Hautfarbe wirkt Manuel sehr zart und ätherisch. Die Schultern sind nach vorne gezogen und oft macht er einen niedergeschlagenen Eindruck. Als Baby, so berichtet die Mutter, war er bereits sehr infektanfällig und hatte immer wieder eine verstopfte Nase.

Da Manuel das einzige Kind ist, hatte die Mutter viele Angebote im Rahmen von Krabbelgruppen, von Mutter-Kind-Turnen und Ähnlichem in Anspruch genommen. Bei alledem wurde Manuel von großer Unruhe getrieben und im

Anschluss an die Treffen wimmerte er noch stundenlang, was seiner Mutter völlig unverständlich war. Auch am Matschen und Sandkuchenbacken im Sandkasten hatte Manuel kein Interesse. Im Gegenteil, er zeigte deutlich, dass er den nassen und pappigen Sand überhaupt nicht mochte. Ebenfalls liebte Manuel es weder zu kuscheln noch zu schmusen, wodurch sich seine Mutter oft zurückgewiesen fühlte.

Auf Anraten der Erzieherinnen wurde Manuel zu uns in die Gruppe geschickt, da er an vielen Aktivitäten im Kindergarten, wie z.B. mit Fingerfarben zu malen oder mit Knetmasse etwas zu formen, keinen Gefallen fand. Basteln die Kinder etwas, so erwartet Manuel von sich selbst, dass sein Kunstwerk perfekt ist – weniger genügt ihm nicht. Überhaupt fällt auf, dass er für sein Alter sehr ausgeprägte Wertvorstellungen wie gut und schlecht, schön und hässlich hat. Eine weitere Eigenart ist, dass er es nicht ertragen kann, irgendwelche Regeln, die die Erzieherinnen aufgestellt haben, zu übertreten. Seine ängstlichen Fragen wie: »Ist das so richtig?« oder »Darf ich das?« oder »Ist das erlaubt?« bringen dies zum Ausdruck. Spielen die anderen Kinder Ball, ist er zunächst mit großer Begeisterung dabei, doch schon nach wenigen Minuten läuft er wieder weg und setzt sich still in eine Ecke, um ein Buch anzuschauen. Ein ähnliches Verhalten zeigt er auch beim Gruppenspiel, insbesondere, wenn es dabei turbulent zugeht, denn viel Lärm und Aktivität um sich herum kann er nicht lange aushalten.

Als er das erste Mal zu uns in die Gruppe kam, setzte er sich zunächst etwas ängstlich an die Wand neben der Tür und begann erst nach und nach, sich am Geschehen zu beteiligen. Dann ist er kurz durch den Raum gelaufen, setzte sich hin und sagte: »Ich bekomme keine Luft!« Kurz darauf rief er: »Mir ist schwindlig!« Etwas später legte er sich mit den Worten: »Man zerstört mich!« auf den Boden. Nach Rücksprache mit der Mutter stellte sich heraus, dass sie an schwerem Asthma leidet.

Die Wandlungsphase Wasser

Einstimmung

Den Klang der Wellen, die gegen das Ufer schlagen, können Sie in Ihrem ganzen Körper spüren, und von Pulsschlag zu Pulsschlag löst sich die Spannung in Ihrem Körper. Welch herrliches Gefühl, diesen immer wiederkehrenden Wellen zu lauschen! Mit einem Seufzer der Erleichterung nehmen Sie Ihren entspannten Körper mehr und mehr wahr und erlauben nun den Wellen, ihn zu umspielen. Während Sie sich diesem Gefühl hingeben, kommt Ihnen folgende Frage in den Sinn: Was hat es mit dem Meer auf sich, dass es dieses friedliche Loslassen ermöglicht? Diese Frage taucht aber nur für einen kurzen Moment auf und der Klang der Wellen vertreibt sie wieder. Seufzend atmen Sie nochmals tief ein und aus.

Sie lassen sich auf den feuchten Strand zurückfallen und spüren die Kühle des Wassers, die den Strand durchdringt. Bald werden Ihre Atemzüge ruhiger und gleichmäßiger, und Ihr Körper verschmilzt mit dem Rhythmus der Wellen. All Ihre Sinne scheinen das Herannahen und Zurückweichen einer jeden Welle zu begleiten. Sie stellen sich vor, Sie seien das Meer und wiegten sich zwischen Himmel und Meeresgrund hin und her. Die unablässige kraft- und schwungvolle Bewegung, die den Anschein hat, als entspringe sie einer tiefen Quelle, lässt Sie die Macht des Wassers spüren.

Welche Kraft mag das wohl sein? Sie tauchen in die Wellen ein, um danach zu forschen. Auf der Suche nach dem Ursprung dieser Kraft geraten Sie immer tiefer, und je tiefer Sie geraten, desto gewaltiger wird die Bewegung und desto dunkler wird es um Sie herum. Unabhängig davon, wie tief Sie eintauchen, dehnt sich diese Dunkelheit immer weiter in unbekannte Tiefen aus – ins Unergründliche. Da erkennen Sie, dass diese Suche endlos sein wird, und, anstatt weiter zu tauchen, beschließen Sie, sich im Wasser treiben zu lassen. Sie genießen den engen Körperkontakt mit diesem Element, Sie spüren sein ständiges Kommen und Gehen um sich herum und tief in Ihrem Inneren. Manchmal ist diese Bewegung stark und kräftig, manchmal ganz sanft und zart. Vor Ihrem inneren Auge können Sie das ganze Meer wahrnehmen, von seiner Oberfläche bis hin zu den dunklen Tiefen, über denen Sie schweben. Und Sie erkennen, dass die Ufer, die das Meer begrenzen, unterstützend wirken. Während Sie durch Ihre Vorstellungskraft das ganze Meer in sich aufnehmen, erkennen Sie, dass der Ursprung dieser Bewegung all das ist, was diesen wundervollen Körper Wasser umgibt und was ihn unterstützt, was in ihm lebt und was sich durch ihn bewegt. Sie spüren den Tanz des Wassers und die Friedfertigkeit, hervorgerufen von der sanften Bewegung des Wassers.

Der durchdringende Schrei einer Möwe erinnert Sie daran, dass Sie hier am Strand liegen – Sie öffnen Ihre Augen. Sie setzen sich auf, betrachten Ihre Umgebung und spüren immer noch den friedlichen Rhythmus der Wellen in Ihrem Körper. Tief atmen Sie die Meeresluft ein und seufzen entspannt, mit einem Gefühl der Dankbarkeit für dieses Erlebnis.

Wie sich die Wandlungsphase Wasser im täglichen Leben zeigt

Vielleicht haben Sie auch eine langjährige Kollegin, die ruhig, zurückgezogen, stetig und beharrlich ihre Aufgaben erledigt. Vom Äußeren her erscheint sie eher unscheinbar, das Haar ist bereits etwas schütter, das Gesicht ist blass. Ihr Rücken ist etwas gebeugt, und die Schultern sind nach vorn gezogen. Da sie leicht friert, hat sie immer eine warme Strickjacke an oder ein Tuch parat. Mit ihrem eher introvertierten Auftreten drängt sie sich nie in den Vordergrund, noch hastet sie eiligen Schrittes durch die Gänge. Im Gegenteil, ihre Bewegungen wirken nachdenklich und bedächtig.

Zu ihren hervorstechendsten Wesenszügen gehören ihre Ernsthaftigkeit und Geradlinigkeit. Bei ihr ist ein Geheimnis sicher aufgehoben. Von sich selbst und ihrem Privatleben gibt sie nur wenig preis. Niemand weiß, was sie eigentlich in ihrer Freizeit macht, welchen Hobbys sie nachgeht oder ob sie gar eine Familie hat. Ihre Fähigkeit, anderen bei ihren großen und kleinen Sorgen zuhören zu können, wird von ihren Kollegen oder Bekannten sehr geschätzt und auch in Anspruch genommen. Gerade ihre Fähigkeit, zuhören zu können, ohne Fragen zu stellen oder Ratschläge zu erteilen, ermöglicht es anderen, sich auf ihre tiefsten Wurzeln besinnen zu können. Sie kann geduldig warten, längere Gesprächspausen gut aushalten und vermittelt dadurch ihren Gesprächspartnern das Gefühl, als ganze Person ohne wertendes Urteil angenommen zu werden, von ihr »gehört zu werden«.

Dieses Zuhören-Können, verknüpft mit der entsprechenden Zurückhaltung, birgt aber auch die Gefahr, dass die Mitarbeiter diese Fähigkeit als eine Selbstverständlichkeit ansehen. Dass sie ein Mensch ist, der auch persönliche Bedürfnisse hat, gerät dadurch schnell in Vergessenheit. Umso mehr versetzt sie dann andere in Erstaunen, wenn sie sich bei Ungerechtigkeiten anderen gegenüber – sei es, dass über eine andere Kollegin hergezogen wird oder dass jemand zu Unrecht für irgendetwas verantwortlich gemacht wird – mit deutlicher Stimme erhebt und für Gerechtigkeit eintritt. Dies macht auch den anderen Mut hinzuschauen, selbst dann, wenn die dabei erfahrene Wahrheit unerwartet oder gar unangenehm ist. Hier bewahrheitet sich der Spruch: »Stille Wasser sind tief.«

Der Ausdruck des Wasseraspektes in seiner ausgewogenen und gestörten Form beim Kind

Ruhig und ernsthaft ist unser Wasser-Kind mit etwas beschäftigt. Es verfolgt konsequent sein Vorhaben und zeichnet sich bei seinen Tätigkeiten durch Beständigkeit und Ausdauer aus. Sein geduldiges und beharrliches Wesen bietet anderen Sicherheit und geschützten Raum. Häufig ist es auch in sich zurückgezogen, will einmal alleine sein oder einfach nur abwarten, doch diesem Verhalten kann ein situationsangemessenes, couragiertes Handeln folgen. Sein sicheres Auftreten und sein Mut, sich auch Unangenehmem und seinen Folgen zu stellen, zeigen, dass es ein Gefühl für die eigene Kraft hat und sich auf sie verlassen kann. Das ausgeglichene Wasser-Kind ist anpassungsfähig und auch bereit, sich unterzuordnen, jedoch ermöglicht es ihm sein stark ausgeprägter Wille, durch zielgerichtetes Ausharren am Ziel seiner Wünsche festzuhalten.

Das Wasser-Kind muss nicht mit seinem Wissen und seinen Fähigkeiten prahlen, weil es Anerkennung und Bestätigung oft bekommt, indem es andere völlig unerwartet in Erstaunen und Verblüffung versetzt. Als ein insgeheim pfiffiges Kerlchen weiß es sehr wohl um seine Wirkung nach außen, ebenso wie es um seine eigenen Schwächen weiß. Meist zeigt es sich aber von seiner ernsthaften Seite. Geheimnisse sind bei einem ausgeglichenen Wasser-Kind gut aufgehoben, so dass andere es gerne in ihr Vertrauen ziehen. Es strahlt so viel Sicherheit und Verständnis für die Bedürfnisse anderer aus, dass diese nicht mit ihm konkurrieren müssen. Seine Individualität hebt es nicht hervor, und es ist ihm unangenehm aufzufallen.

Bücher und der mit der Lektüre einhergehende gemütliche Rückzug oder konsequentes Tüfteln bei technischen, feinmotorischen Fertigkeiten stellen für das Wasser-Kind eine Möglichkeit des inneren Sammelns dar und sind somit eine Quelle unerschöpflicher Energie. Das Wasser-Kind hat einen guten Schlaf und kann sich gut entspannen. Bei Körperkontakt fällt es ihm leicht loszulassen – es fühlt sich getragen von der Zuwendung.

Auffallend ist seine gerade, aufrechte Haltung, seine Lebhaftigkeit ist auch bei ruhigen Tätigkeiten spürbar. Beim Sport gehört es eher zu den Langstreckenläufern und nicht den Sprintern, wobei es nicht die körperliche Erschöpfung sucht. Die Wasser-Qualität ist schon sehr früh am angeborenen Überlebenswillen erkennbar, beispielsweise beim Frühchen oder schwerstbehinderten Kleinkind.

Auch die Urangst wird dem Wasser zugeschrieben, deren andere Seite, das Urvertrauen, wir vor allem bei Kindern erleben.

Ist die Wasser-Qualität im Ungleichgewicht, so zeigt sich dies durch mangelndes Vertrauen in die eigene Kraft, die eigenen Wünsche oder eigenen Argumente. Ein solches Kind geht den Weg des geringsten Widerstandes, auf dem es sich am wenigsten zeigen und Stellung beziehen muss. Seine Freunde können sich nicht darauf verlassen, dass eben Gesagtes auch später noch Gültigkeit hat, denn übertriebenes Sicherheitsbedürfnis hat zur Folge, dass es seine Meinung häufig ändert.

Seine Introvertiertheit führt dazu, dass es sich mehr und mehr isoliert oder dass es niedergeschlagen in sich gekehrt ist. Aus diesem Rückzug entsteht keine konstruktive Ruhe, aus der etwas wachsen kann. Es fühlt sich vielmehr kraftlos und erschöpft und hat wenig Energie für Aktivitäten, die Ausdauer erfordern. Aufgrund seiner Mutlosigkeit, Antriebsschwäche, seiner ausgeprägten Empfindsamkeit, seiner Mimosenhaftigkeit und seines ständigen Genervtseins isoliert es sich von anderen. Es stöhnt und jammert viel, trauert Vergangenem nach oder hält an schon Erledigtem fest. Einmal auf Situationen oder Abmachungen eingestellt, kann es Veränderungen nur schwer annehmen, auch kann es sich mit veränderten Tatsachen nur schwer abfinden.

Es gehört nicht gerade zu seinen Stärken, eine eigene Stellung zu beziehen oder Rückgrat zu zeigen, umso mehr fällt es durch trickreiches Verhalten auf, wenn es darum geht, ein Ziel zu erreichen (»mit allen Wassern gewaschen«). Zuwendung und Nähe sind meist oberflächlich, es gibt auch, vom Rückzug einmal abgesehen, selbst kaum Signale, die auf tiefere Gefühle schließen lassen.

Die Liste möglicher körperlicher Symptome ist lang. Vielfältigste Rückenbeschwerden, oft begünstigt durch Hohlkreuz oder Skoliose, verlangsamte Reaktionen und schlechte Koordination oder Gleichgewichtsstörungen fallen auf. Zu Blasenbeschwerden mit kalten Füßen kommen nächtliches Einnässen oder ständiger Harndrang. Auch können Hörprobleme auftreten. Das körperliche Erscheinungsbild fällt durch schlechte Haltung, blasse Haut und Ringe unter den Augen auf. Auch wirkt ein solches Kind ständig verfroren. Es lädt dazu ein, dass man es in die Arme nimmt, doch auch bei körperlicher Nähe fällt ihm Entspannen schwer. Entspannung aber wäre notwendig, um innere Ruhe als Quelle für neue Energie zu entwickeln.

Tobias, fünfeinhalb Jahre

Tobias kommt zusammen mit seinem sechsjährigen Freund neu zu unserer Spiel-Räume-Gruppe. Die anderen Kinder, die auch erst einmal da waren, sind gleich voller Interesse in den Raum gelaufen. Tobias klammert sich ängstlich an den Arm seiner Mutter, weint und will den Raum nicht betreten. Daraufhin kommt die Mutter mit in den Raum und setzt sich zusammen mit Tobias auf den Boden. Tobias rollt sich ganz klein zusammen und hält sich die Augen und Ohren zu, ohne aber Kontakt zur Mutter zu halten. Die anderen Kinder sind bereits inmitten der verschiedensten Aktivitäten, als er immer wieder zwischen seinen Fingern durchzublinzeln beginnt.

Allmählich interessieren ihn die anderen so sehr, dass er es auf seinem Platz nicht mehr aushält und sich langsam und vorsichtig dem Geschehen Stückchen für Stückchen nähert. Nun kann die Mutter den Raum verlassen. Die einzelnen Kinder stellen jetzt Tiere dar und auf die Frage, welches Tier er sein möchte, antwortet er: »Ein Niemands-Tier – das ist ganz durchsichtig und niemand kann es sehen, aber es kann überall dabei sein.«

In den folgenden Gruppenstunden fällt auf, dass er sehr gut zuhören kann, ja dass er geradezu die Ohren zu spitzen vermag. Bemerkenswert ist auch die Beharrlichkeit, mit der er etwas zur Vollendung bringt, ebenso fallen seine ausgesprochen guten feinmotorischen Fähigkeiten auf. Allerdings hat er immer kalte Füße und braucht deswegen dicke Socken, am liebsten mehrere übereinander. Ständig muss er auf die Toilette, obwohl es nur »tröpfelt«. Von seiner Haltung her ist ein ausgeprägtes Hohlkreuz zu bemerken und ein insgesamt verspannter Rücken. Diese Spannung nimmt zu, wenn die anderen Kinder von ihm eine Stellungnahme erwarten. Neues und Unerwartetes lässt ihn zunächst einmal zurückweichen.

Situationen aus dem täglichen Leben

Mit den folgenden Beispielen von Alltagssituationen wollen wir versuchen, einfache und überschaubare Ereignisse eines jeden Tages selektiver wahrzunehmen und sie auf entsprechende Wandlungsphasen hin zu überprüfen. Alle komplizierten, zu Spannungen oder Unwohlsein führenden Situationen haben einfache, aber oft vielgestaltige Grundmuster, die wir leichter durchschauen, wenn wir unseren Blick für das Alltägliche schulen.

1. Beispiel

In einem Café in der Innenstadt, in dem man Musik hören und in Büchern stöbern kann, stehen die zwei sechsjährigen Mädchen Andrea und Yasmin vor einer großen Papierrolle und malen darauf ein Bild. Beide sind in diese Beschäftigung tief versunken.

Da drängt sich ein drittes Mädchen zwischen die beiden, verschafft sich selbst Platz vor der Papierrolle und übermalt die Bilder der beiden anderen. Andrea zu ihrer Linken zieht sich zusammen, nimmt die Arme dicht an ihren Körper heran und lässt sich zur Seite drängen. Mit zusammengekniffenem Mund und zusammengezogenen Augenbrauen beobachtet sie, was mit ihrem Bild geschieht. Rechts von der »Bilderstürmerin« steht Yasmin, schnaubt und scheint richtig zu kochen, und während sie mit dem Fuß aufstampft, kann man fast schon kleine Rauchwölkchen über ihrem Kopf aufsteigen sehen. Auf einmal dreht sie sich um und ruft mit donnernder Stimme quer durch das ganze Café: »Papaaa! – Komm! Das Mädchen malt einfach auf meinem Papier!«

In dieser Situation zeigt sich bei Andrea ein Mangel an Metall-Kraft. Sie ist nicht in der Lage, ihre Grenzen zu wahren. Kommt jemand unvermittelt und mit voller Wucht auf sie zu, dann zieht sie sich in sich selbst zurück und gibt ihren Platz auf. Das Mädchen, das sich dazwischen gedrängt hat, ist ebenfalls mit dem Metall-Thema eng verbunden. Ohne Gespür für andere überschreitet es die Grenzen der beiden anderen und hat keinen Respekt vor den schöpferischen Werken dieser beiden.

Yasmin hat eher mit dem Thema Holz zu tun. Die Holz-Kraft bringt sie zwar zum Kochen, aber die kleine Generalin zieht es dann doch vor, ihre Truppen zur Verteidigung zu rufen. Sie selbst behält lieber die Übersicht und Planung.

2. Beispiel

Vor dem Kindergarten unterhalten sich zwei Mütter. Die eine erzählt der anderen ganz begeistert, dass sie noch zwei Karten für das Reinhard-Mey-Konzert bekommen hat. Da dies mit einigen Mühen verbunden war, freuen sich beide ganz besonders, dass es der Mutter trotz einiger Schwierigkeiten dennoch gelungen ist.

Plötzlich mischt sich ungefragt eine dritte Mutter ein und sagt mit einem abfälligen Ton: »Reinhard Mey – wer geht denn noch zu Reinhard Mey?« Dieser Frau würde sicherlich etwas Metall gut tun, um ein Gefühl für Respekt und die Grenzen der anderen zu bekommen.

3. Beispiel

Folgendes Erlebnis erzählt die Mutter eines sieben Monate alten Jungen und eines fast vierjährigen Mädchens:

Obwohl ihre Tochter schon seit längerem trocken war, begann sie erneut, zwei- bis dreimal in der Woche zu bettnässen. Dies war insofern ungewöhnlich, als es manchmal drei- bis viermal pro Nacht passierte. Eine Blasenentzündung konnte vom Arzt ausgeschlossen werden. Da auch keine sonstigen organischen Ursachen vorzuliegen schienen, begann die Mutter nach anderen Ursachen zu suchen.

Sie erfuhr, dass solch ein Verhalten bei einem älteren Kind häufig dann beginnt, wenn das neu hinzugekommene Geschwisterchen etwa im Alter von fünf bis acht Monaten ist. Zu diesem Zeitpunkt nämlich realisiert das ältere Kind, dass das neue Brüderchen oder Schwesterchen ein fester Bestandteil der Familie geworden ist.

So bekam die Mutter den Ratschlag, dem Verhalten ihrer Tochter nicht zu viel Aufmerksamkeit zu schenken. Obwohl sie diesen Ratschlag befolgte, änderte sich in den darauf folgenden zwei Monaten nichts; ganz im Gegenteil, die Tochter nässte nun jede Nacht ein.

Mit diesem Problem trat sie an eine Physiotherapeutin heran, die nach dem *Spiel-Räume-Konzept* arbeitet. Sie besprachen die Körperfunktionen im Zusammenhang mit den Fünf Wandlungsphasen und kamen zu dem Ergebnis, dass das Bettnässen als ein Versuch zu deuten war, die Spannungen (im Holz) abzubauen, von denen sich ihre Tochter tagsüber, im Wachzustand, nicht befreien konnte und durfte.

Die Mutter fand heraus, dass sie bestimmte Verhaltensmuster ihrer Tochter nicht zu akzeptieren und zuzulassen bereit war. Ihr wurde klar, wie oft ihre Tochter genervt oder wütend auf ihren Bruder war – insbesondere dann, wenn er weinte oder quengelig war. Die Mutter nahm das Baby sofort in Schutz und war bemüht, die Gefühlsausbrüche ihrer Tochter zu stoppen, indem sie ihr verbot, den Bruder anzuschreien, ja, sogar wütend auf ihn zu sein. Sie ließ die Gefühlsausbrüche ihrer Tochter einfach nicht zu und respektierte dadurch auch nicht deren Gefühle, die sie lieber in andere Bahnen zu lenken versuchte.

Daraufhin änderte die Mutter ihr Verhalten gegenüber ihrer Tochter. Als beim nächsten Mal alle drei im Auto saßen, fing der kleine Bruder wieder an zu weinen. Wie üblich war seine Schwester dadurch aufgebracht, dieses Mal sagte die Mutter zu ihr: »Ich weiß, wie nervend es ist, ihn weinen zu hören – das macht dich wütend. Es ist schon in Ordnung, wenn du wütend bist, und ich weiß auch, wie schwer es für dich ist, das Weinen zu ertragen. Mir fällt es auch schwer. Also sag ihm ruhig alles, was du auf dem Herzen hast, ich werde auch nicht böse sein, wenn du schreist.« Diese Aussage schuf Raum für den Ausdruck der Wandlungsphase Erde, beide Geschwister durften ihren Gefühlen so Ausdruck verleihen, wie ihnen zu Mute war.

Sofort nahm die Tochter diese Gelegenheit wahr und sagte ihm alles, was das Vokabular einer Vierjährigen hergab. Dabei schrie sie, trat mit den Füßen gegen den Vordersitz, schlug auf den Autositz ein und begann, als sie nicht mehr konnte, ebenfalls zu weinen.

Von da an verhielt sich die Mutter ihrer Tochter gegenüber in den entsprechenden Situationen so, dass diese sich in ihren Gefühlsäußerungen nicht mehr beschnitten fühlte (das Holz hatte wieder den Boden, auf dem es wachsen konnte). Bleibt noch zu erwähnen, dass der kleine Bruder dieses neue Verhalten seiner Schwester offenbar so amüsant fand, dass er jedes Mal lachen musste, wenn diese aufgrund seines Weinens oder Quengelns in Rage geriet.

Zum ersten Mal nach zwei Monaten blieb die Tochter in der darauf folgenden Nacht trocken. Während der nächsten vier Wochen nässte sie noch einige wenige Male ein. Und zwar jedes Mal dann, wenn die Mutter die Gefühlsausbrüche ihrer Tochter blockierte. So war nach einigen anstrengenden Wochen das Gleichgewicht der Wandlungsphasen zwischen allen dreien wiederhergestellt, und eine andere Form des Umgangs miteinander konnte sich entwickeln.

4. Beispiel

Drei Erstklässler marschieren nach der Schule gemeinsam nach Hause. Bei dem einen der drei zu Hause angekommen, geht ein Kind mit hinein, das andere wartet vor der Tür, um den weiteren Weg gemeinsam fortzusetzen. Aber das andere Kind kommt und kommt nicht wieder heraus. Allmählich wird es sehr unruhig, weil es nicht genau weiß, was eigentlich los ist, und weil es weiß, dass es zu Hause erwartet wird. So wird ihm das Stehenbleiben zur Qual und die Tränen fließen, aber es unternimmt nichts, um diese Situation zu beenden.

Hier wäre mehr Erde-Kraft vonnöten, um dem Kind einen eigenen Standpunkt für einen Entschluss zu ermöglichen. So aber verharrt es in einer Übergangssituation, hin- und hergerissen zwischen drei verschiedenen Möglichkeiten, nämlich der, entweder ins Haus zu gehen und zu schauen, wo sein Mitschüler bleibt, oder ohne weiter zu warten, alleine seinen Nachhauseweg fortzusetzen oder weiterhin zu warten.

5. Beispiel

Jeremias geht jetzt seit acht Wochen in die erste Klasse und allmählich werden ihm die Auswirkungen dieser großen Umstellung für sein Leben und den Tagesablauf bewusst. Die Zeit zum Spielen am Nachmittag wird immer knapper, die Hausaufgaben dafür immer länger. Wieder einmal sitzt er seit eineinhalb

Stunden am Tisch und »malt« seine Hausaufgaben. Sein Rücken wurde in dieser Zeit immer runder, ganz gebeugt von »all dieser Last« kauert er nun am Schreibtisch und zieht sich immer mehr in sich selbst zurück. Still setzt sich seine Mutter neben ihn und legt ihre Hand auf den unteren Teil seines Rückens. Zusehends richtet sich Jeremias wieder auf und ist in der Lage, die letzten Buchstaben noch schön in sein Heft zu schreiben.

Die stützende Hand der Mutter hat seiner Wasser-Qualität die Rückenstärkung gegeben, um sich aufzurichten, die Gegebenheit hinzunehmen und die Aufgabe zu beenden. Da Wasser die Feinmotorik bestimmt, hat sich das jetzt auch in seinem Schriftbild gezeigt.

6. Beispiel

Josefine (zwei Jahre) steht vor dem Spielzeugregal, schaut sehnsüchtig nach oben und möchte ein Buch haben. Plötzlich schreit sie: »Mama – Buch!« Sie müsste sich nur etwas mehr strecken und könnte dann das Buch erreichen, aber sie hat noch keinen Plan, wie sich der Wunsch verwirklichen ließe. Mit dem Ziel vor Augen fehlt ihr noch die Fähigkeit, den Weg dahin zu planen; diese Qualität des Holzes muss sich bei ihr erst noch entwickeln.

7. Beispiel

Ein dreijähriger Junge war bäuchlings eine Rutschbahn hinuntergerutscht und dabei dermaßen unglücklich mit seinem Mund aufgeschlagen, dass ein Schneidezahn komplett ins Zahnfleisch zurückgedrückt wurde und ein zweiter fast vollständig abgebrochen ist.

Bis zu diesem Unfall zeigten sich bei ihm die Feuer-Aspekte in ihrer ausgeprägten Form. Er war immer fröhlich, lachte und kicherte gerne, war feinfühlig zu seinen Spielkameraden und im Kindergarten sehr beliebt.

Seine Feuer-Kraft überstrahlte seine Ausdrucksformen, die überwiegend von der Wandlungsphase Metall geprägt waren. Mit seinem unbekümmerten Verhalten überschritt er leicht seine eigenen Grenzen, so dass er des öfteren Verletzungen davontrug und auch kleine Unfälle hatte. Diese Unfälle passierten nicht aufgrund eines Mangels an Koordinationsfähigkeit, sondern weil er aus Spaß an der Freude übermütig wurde und in der Folge Gefahren nicht mehr richtig einschätzen konnte. Selbst wenn er hinfiel und sich die Knie aufschlug, beachtete er die Verletzung kaum, stand sofort wieder auf und tollte weiter herum.

Der Unfall auf der Rutschbahn aber veränderte etwas in ihm, und es war interessant, im Laufe der nächsten Monate sein Verhalten zu beobachten. Seine Eltern berichteten, dass er oft traurig und niedergedrückt war. Während der ersten Tage nach dem Unfall hielt er plötzlich immer wieder mitten im Spiele inne, wurde traurig und bekam Tränen in die Augen. Dann suchte er seine Mutter oder seinen Vater auf und wollte von ihnen festgehalten werden. Er sagte ihnen, dass er seine Zähne vermisse und sie wieder zurückhaben wolle. Jedem, den er traf, erzählte er, was mit ihm passiert war, dass dies ihn traurig mache und dass er seine Zähne vermisse. Beim Spiel war er sehr vorsichtig geworden und manchmal zeigte er auch Angst. Immer wieder wollte er auf den Arm genommen werden, und er fing sofort an zu weinen, wenn er nicht das erreichte, was er sich in den Kopf gesetzt hatte. Offensichtlich traten neue Ausdrucksformen, hervorgerufen durch das traumatische Erlebnis, bei ihm in Erscheinung.

Diese bei dem kleinen Jungen neu entwickelten Ausdrucksformen entstammen der Wandlungsphase Metall. Durch sein schmerzvolles Erlebnis lernte er seine eigenen Grenzen kennen. Das Erkennen der eigenen Grenzen (und die der anderen) sind Metall-Aspekte; der emotionale Ausdruck der Wandlungsphase Metall sind Kummer und Traurigkeit. Auch die Fähigkeit, Schmerzen zu empfinden, wenn man z.B. hinfällt und sich dabei das Knie verletzt, gehört hierher.

Ein weiterer interessanter Punkt bei dem vorliegenden Beispiel ist das Auftauchen neuer Ausdrucksformen, die der Wandlungsphase Erde und Wasser entstammen. Angst, Weinerlichkeit und das Verlangen nach Gehalten- und Getragen werden sind Ausdrucksformen der Wandlungsphase Erde. In dem Moment, in dem er lernte, seine eigenen Grenzen zu erkennen, fiel der Junge in jene Phase zurück, in der er noch die volle Unterstützung seiner Eltern brauchte. Dies ist auch der Grund, warum er möglichst permanent getragen werden wollte. Die Wasser-Kraft gab ihm die Fähigkeit, unbekannte Dinge in seinem Leben zu erkennen und seine kindgemäßen Bedürfnisse zuzulassen und auszudrücken.

Schließlich traten bei dem kleinen Jungen wieder mehr und mehr die Ausdrucksweisen in den Vordergrund, die der Wandlungsphase Feuer entstammen, wie Spontaneität, Fröhlichkeit, Unbekümmertheit und ein sonniges Gemüt. Das Bewusstsein und die Kenntnis der eigenen Grenzen ging mit ihnen eine Verbindung ein.

8. Beispiel

Die Kinder sitzen mit der Erzieherin in der Kuschelecke harmonisch beieinander und schauen sich sehr konzentriert ein Bilderbuch an. Alle haben einen mehr oder weniger guten Einblick in die bebilderte Geschichte. Ein kleiner Junge kommt hinzu, wählt sich aber keinen gewöhnlichen Sitzplatz aus, sondern will auf dem Schoß der Erzieherin sitzen. Nach einer Unterbrechung der Bildergeschichte und einer Auseinandersetzung mit den anderen Kindern wird ihm dies ermöglicht. Doch währenddessen stehen zwei Mädchen auf und gehen weg, da ihnen die Unruhe nicht behagt.

Der Junge aber beachtet weder Bilder noch Geschichte. Er braucht lediglich die Nähe des Erwachsenen. Mit seiner vorübergehend geschwächten Erde-Kraft trifft er auf eine Metall-Störung des Erwachsenen und erreicht damit sein Ziel.

9. Beispiel

Nils und Paul sitzen in der Bauecke und teilen sich Holzbausteine verschiedener Art. Während Nils vorwiegend eine Art von Steckbausteinen für den Bau seiner Burg verwendet, fängt Paul mit in Form und Größe ganz unterschiedlichen Steinen an zu spielen. Wegen seiner Instabilität fällt das sehr individuelle Bauwerk vor seiner möglichen Fertigstellung immer wieder in sich zusammen. Daraufhin besteht Paul auf die Teilung der Steckbausteine, die aber für zwei Bauwerke nicht ausreichen. Sie streiten mit sehr klar artikulierten Argumenten und gehen schließlich auseinander. Der Bauteppich ist daraufhin verwaist, die Bausteine liegen unbenutzt herum.

Paul kam nicht die Lösungsmöglichkeit in den Sinn, die zueinander passenden Bausteine herauszusortieren, um die nötige Stabilität beim Aufeinandersetzen der Bausteine zu gewährleisten. Die Stärkung der Wandlungsphase Holz wäre in diesem Falle eine sinnvolle Ergänzung.

10. Beispiel

Zwei kleine Mädchen, Arielle und Hannah, waren seit Beginn ihres dritten Lebensjahres die besten Freundinnen. Obwohl sie in verschiedene Kindergärten gingen, blieben sie Freundinnen, da sie sich regelmäßig einmal wöchentlich zum Spielen trafen. Dies ging bis zu jenem Sommer gut, als sie sieben Jahre alt wurden – da passierte etwas, das auch noch durch unglückliche Umstände verstärkt wurde.

Hannah spielte bei Arielle im Garten mit den Hunden. Da fing Hannah an, die Hunde mit dem Fahrrad zu jagen, was Arielle ärgerte. Sie bat Hannah, damit aufzuhören, doch Hannah machte weiter und lachte, weil sie das alles so lustig fand. Als der »Babysitter« sich einschaltete, behauptete Hannah, sie hätte die Hunde nicht gejagt. Das machte Arielle so wütend, dass sie in Tränen ausbrach und schrie, Hannah sei nicht mehr ihre Freundin und überhaupt wolle sie nie mehr mit ihr spielen. Trotz Hannahs Entschuldigung weigerte sich Arielle, noch irgendetwas mit ihr zu tun. Wochenlang blieb Arielle bei ihrer Haltung, sprach aber dauernd über diesen Vorfall. Dann begann sie, Bilder für Hannah zu malen und schrieb ihr, dass sie sie vermisse. Unter Tränen erzählte sie ihrer Mutter, dass sie nicht mehr wisse, ob sie ihrer Freundin noch trauen könne. Doch nach einiger Zeit entschied sich Arielle dafür, mit ihrer Freundin wieder zu spielen.

Diese Geschichte hatte einen Hintergrund, der für die Familiensituation von Arielle von Bedeutung war. Arielle hatte zwei Hunde, von denen der eine ein Pyrenäenhund war, den sie sehr mochte. Je älter der Hund wurde, desto größer wurde er. Dies wurde zum Problem wegen der für ihn zu kleinen Wohnraumsituation, und die Familie war zu der Entscheidung gekommen, dass er mehr Platz zum Spielen und Bewegen brauche. So war denn ein neues Zuhause auf einer Farm für ihn gefunden worden und es war geplant, dass er die Familie in vier Wochen verlassen sollte. Genau in diese Zeit fiel das oben erwähnte Ereignis mit Hannah.

Arielle musste nun mit ihrer Metall-Energie (der Fähigkeit des Loslassens) gleich in zwei Situationen zurechtkommen. Für ein sieben Jahre altes Mädchen kann dies eine sehr verwirrende Energie sein, da sie noch nicht die Fähigkeit entwickelt hatte, die eigenen Gefühle zu verstehen, die auftauchen, wenn man Freunde oder Liebgewordenenes loslassen muss. Diese Energie war sehr präsent und suchte nach einer Ausdrucksmöglichkeit. Das Ereignis mit Hannah gab ihr dann die Gelegenheit, der Metall-Energie eine Ausdrucksform zu geben (nämlich Grenzen zu setzen und loszulassen). Dieser Vorfall war greifbar, sie hatte – im Gegensatz zu der sie verwirrenden Energie in Bezug auf den bevorstehenden Abschied von ihrem Hund – eine Beziehung dazu, obwohl es wehtat.

Bei einer solchen Situation, d.h. wenn Kinder eine radikale Entscheidung treffen und Grenzen setzen, empfehlen wir, das komplette Umfeld des Kindes zu betrachten. Zum Setzen von Grenzen brauchen Kinder Respekt, Zeit und Raum, all das sollten wir als Erwachsene den Kindern geben. Dadurch geben wir ihnen die Möglichkeit, solche Situationen auch verarbeiten zu können. Wichtig ist hierbei, sich ihr Anliegen anzuhören, ihnen durch Fragen unsere Hilfe anzubieten und sie zu führen, ihnen Wärme und Mitgefühl zu geben, sie ehrlich bei ihren Entscheidungen zu unterstützen und ihnen zu erlauben, mit ihren Grenzen zu experimentieren, damit sie – wie in diesem Fall – ganz natürlich verzeihen können.

11. Beispiel

Eine Mutter betritt mit ihrem dreijährigen Sohn an der Hand und ihrer zweijährigen Tochter auf dem Arm eine Bank. Während sie sich bückt, um ihre Tochter abzusetzen, strampelt diese schon so heftig mit ihren Füßen in der Luft herum, als würde sie bereits rennen. Kaum spürt sie Boden unter den Füßen, rennt sie auch schon quer durch den Schalterraum.

»Bleib hier!« ruft die Mutter und ergreift schnell das Laufgeschirr, das sie dem Mädchen angelegt hatte. Mit einem Ruck wird es am Weiterlaufen gehindert, es beginnt zu weinen und zu schreien. Die Mutter schimpft mit ihr und sagt, dass sie an ihrer Seite bleiben soll. Daraufhin tritt das Mädchen in alle Richtungen, brüllt herum und wirft sich schließlich bäuchlings auf den Boden, um bloß nicht dorthin gehen zu müssen, wohin ihre Mutter will.

Da schnappt sich die Mutter das herumtobende und um sich schlagende Kind und trägt es quer durch die Schalterhalle zu einem Stuhl. Sobald die Füße des Mädchens den Boden berühren, rennt es erneut los und zwar genau in die Richtung, die sie vorher schon eingeschlagen hatte. Und wieder fängt ihre Mutter sie ein, und wieder gibt es auf beiden Seiten Geschrei. Dieser Vorgang wiederholt sich mehrere Male.

Hier haben wir ein gutes Beispiel für eine Situation, die von der Wandlungsphase Holz bestimmt ist. Das Mädchen drückt ganz klar ihr Bedürfnis nach Bewegung und Befriedigung ihrer Neugierde aus. Dabei hat sie einen Plan entwickelt, ist nicht gewillt, davon abzulassen. Die Reaktion auf Verhinderung ihres Planes – ihr Schreien, Herumtoben und ihre Wutanfälle – sind markante Beispiele für die Ausdrucksweise der Wandlungsphase Holz. Hier zeigt sich sehr deutlich, mit welcher Macht sich eine Wandlungsphase auszudrücken vermag, selbst dann, wenn die ursprüngliche Ausdrucksmöglichkeit blockiert wird.

Auch die Reaktion der Mutter auf den Holz-Ausdruck ihrer Tochter wird durch die Wandlungsphase Holz bestimmt. Ihr Schimpfen, der Ausdruck von Ärger und Frustration, die Kontrolle über das Verhalten ihrer Tochter machen das Spannungsverhältnis und den Kampf des Holz-Ausdrucks zwischen ihr und ihrer Tochter anschaulich. Je mächtiger der Holz-Aspekt bei der Mutter hervortritt, desto stärker reagiert das Kind ebenfalls mit seiner Holz-Kraft.

Bei einer solchen Situation würden wir vorschlagen, dass die Mutter ihrem Kind zunächst Raum für Ausdrucksmöglichkeiten des Holz-Aspektes gibt, später auch für die anderen Wandlungsphasen. Vielleicht indem sie ihrer Tochter erlaubt, dorthin zu rennen, wo sie ursprünglich hin wollte und indem sie ihr dann andere spielerische Bewegungsmöglichkeiten anbietet. Sie könnte ihr beispielsweise vorschlagen, zu den Stühlen zurück zu hüpfen, um sich dann am Schalter anzustellen oder ihren Ehrgeiz mit dem Vorschlag wecken, einen Wettlauf durch den Schalterraum bis hin zum Schalter zu veranstalten. Sie könnte auch das Interesse ihrer Tochter mit dem Satz »Schau mal, der Stuhl dort! Siehst du was da drunter?« wecken und dergleichen mehr. Denn ganz offensichtlich braucht dieses Kind Stimulation! Hat es erst einmal eine Beschäftigung (z.B. ein Tuch, das es sich um den Kopf wickelt), wird auch der Mutter genug Zeit zur Verfügung stehen, um mit dem Bankangestellten ihr Anliegen zu besprechen.

Dieses Beispiel macht deutlich, dass das Kind sich in einer Lebensphase befindet, in der sein Holz-Aspekt sehr stark nach Ausdrucksmöglichkeiten verlangt. Hier gilt es, neue Wege zu erschließen, um viele Ausdrucksmöglichkeiten zu entwickeln. Mit dem Angebot von kurzen Aktivitäten aus anderen Wandlungsphasen kann sich auch die Wandlungsphase Holz Ausdruck verschaffen.

12. Beispiel

Ein Steckspiel aus kleinen Nägeln und Metallklämmerchen liegt in der Mitte eines Tisches. Die Kinder nehmen sich je eine Korkunterlage und befestigen kleine Holzteile darauf, indem sie die kleinen Nägel in die Holzteile klopfen. Stephie sucht sich aus der Kiste so viele Nägelchen heraus, wie sie finden kann und drückt sie schon mal in ihre Unterlage. Die anderen dagegen suchen immer einen Nagel zu einem Holzteil und versuchen nach und nach ihr Bild zu vervollständigen. Schließlich sind fast keine Nägel mehr in der Kiste. Nur Stephie verfügt noch über sehr viele unbenutzte, die sie am Rand ihrer Korkunterlage eingedrückt hat und die sie langsam und verschwenderisch einsetzt. Der Streit ist vorprogrammiert und findet wohl in ähnlicher Weise des öfteren statt. Hier wären Erde- und Metall-Energie für die Entlastung der Freispielzeit nötig.

13. Beispiel

Eine Familie ist innerhalb der Stadt in ein neues Haus gezogen. In dem alten Haus, das sie bisher bewohnt hatte, waren die Kinder geboren worden und hatten bislang dort auch gelebt.

Nun berichtet die Mutter über eine ganze Reihe neuer Verhaltensweisen, die bei den beiden Kindern, drei und sieben Jahre alt, nach dem Umzug auftreten. So will ihr dreijähriger Sohn plötzlich überall hingetragen und mitgenommen werden, isst nur noch vom Teller der Eltern oder will gar gefüttert werden. Bei jeder Gelegenheit braucht er Hilfe und Unterstützung, selbst bei Dingen, die er vorher auch ohne elterliche Hilfe schaffte. Außerdem kaut er den ganzen Tag Kaugummi. Die siebenjährige Tochter ist richtig anhänglich geworden, will ständig bei den Eltern auf dem Schoß sitzen und schläft nur, wenn sie im Bett der Eltern liegen darf. Würde es nach ihr gehen, ernährte sie sich ausschließlich von Süßigkeiten. Obwohl sie beim Zeichnen immer sehr kreativ war, will sie jetzt nur noch Bilder abmalen. Über Kleinigkeiten, die ihr bisher sehr unwichtig waren, ist sie seit dem Umzug besorgt. Sie klagt über Muskelziehen und nicht einzuordnende Schmerzen, und sie steht nur auf und lehnt sich bei den Eltern an, wenn diese bei ihr sind.

Diese Verhaltensweisen sind alle Ausdruck der Wandlungsphase Erde. Durch diese Wandlungsphase fühlen sich Kinder sicher, geborgen und in ihrem Dasein unterstützt. Ein Zuhause ist für die Kinder wie eine stabile Basis, die ihnen Halt bietet. Im obigen Beispiel haben die Kinder diese vertraute Basis verloren, so dass ihnen aufgrund dieses Verlustes die durch die Wandlungsphase Erde vermittelte Unterstützung fehlt. Ihr Verhalten drückt die Wandlungsphase Erde aus, indem sie das fordern, was sie vermissen. Wir empfehlen den Eltern, unter diesen Umständen ihre Kinder verstärkt zu unterstützen, indem sie deren Bedürfnissen nachkommen und wir empfehlen ihnen, diese neue, ungewöhnliche Situation wahrzunehmen. Es wird einige Zeit dauern, bis die gleiche Sicherheit und Geborgenheit, die sie zuvor erfahren haben, in dem neuen Zuhause herangereift ist.

Wir selbst können uns in unserer vielschichtigen Rolle als Eltern, Therapeuten oder Erzieher die Wechselwirkungen der Wandlungsphasen dadurch bewusst machen, dass wir – auch spielerisch – unser und das Verhalten anderer zu beobachten und einzuschätzen lernen. Das Erkennen des eigenen, oft immer wiederkehrenden Verhaltens zeigt uns unsere Sicht der Dinge. Entwickeln wir neue Verhaltensweisen, zeigt sich auch bei den Kindern eine Veränderung. Unsere Kinder dienen uns hierbei als direkter Spiegel für unser eigenes Verhalten.

Lassen Sie sich ansatzweise in erdachte Begebenheiten führen, die als Beispiel für mögliche Alltagskonstruktionen dienen und für Sie als Beobachtungshilfen für eigene Verhaltensmuster gedacht sind.

Ein Mann betritt eine vollbesetzte U-Bahn. Gleich nachdem er erkennt, dass es keinen Sitzplatz für ihn geben wird, bekommt sein Gesicht einen leidenden Ausdruck. Er stellt sich an ein gekipptes Oberfenster und fächelt sich Luft zu.

Mitmenschen, die sich in ihrer Erde getroffen fühlen, können z.B. reagieren, indem sie aufstehen und hilfsbereit ihren Platz anbieten. Menschen, die sich in ihrem Metall getroffen fühlen, rutschen vielleicht etwas unruhig auf ihrem Platz hin und her, stellen die eigene Tasche auf die angezogenen Beine und verschränken die Arme davor. Wer sich in seinem Wasser getroffen fühlt, nimmt die Situation wahr und verschanzt sich möglicherweise hinter seiner Zeitung. Andere, die sich in ihrem Holz getroffen fühlen, hoffen vielleicht, dass er an der nächsten Haltestelle aussteigt oder dass andere dort aussteigen, so dass er dann die Chance auf einen Sitzplatz hat. Oder aber (sichtbarer für Außenstehende) sie sprechen Jugendliche an, dass diese ihren Platz räumen sollen. Wer sich im Feuer getroffen fühlt, verhält sich so, als hätte das alles nichts mit ihm zu tun. Wird ihm unbehaglich, unternimmt er vielleicht den Versuch, mit dem Sitznachbar ein Gespräch zu beginnen.

Können Sie sich in einer der beschriebenen Reaktionen wieder finden?

Versetzen Sie sich nun in die Lage, folgende Situationen beobachten zu können:

- Jemand pflanzt sich in dem U-Bahn-Gang vor Sie auf, stellt seine Tasche vor Ihren Füßen ab und stößt bei jedem Schaukeln der Bahn, weil er sich nicht genügend festhält, gegen Sie. Das Verhalten dieser Person zeigt eine Störung seiner Wandlungsphase Metall an. Ist in dieser Situation die in uns angesprochene Wandlungsphase – hier Metall – im Fluss, können wir klar und bestimmt mit unserem Metall-Ausdruck dem gestörten Metall-Ausdruck dieser Person begegnen. Löst aber eine solche Situation in uns Beklemmung, Ärger, Frustration, Angst oder ähnliche Reaktionen aus, so ist dies ein Indikator dafür, dass unsere eigene Wandlungsphase Metall nicht im Fluss ist.
- Angesichts der Enge in der U-Bahn versucht eine Person sich immer mehr in eine Ecke zu quetschen und lässt sich von jedem, der sie weiter beengt, noch mehr in die Ecke drängen. Dieses Verhalten entspricht einer Störung der Wandlungsphase Wasser. Welche Gefühle haben Sie bei dieser Beschreibung, oder welche Gedanken kommen Ihnen hier?
- Ein Fahrgast fordert Sie auf, von Ihrem Platz aufzustehen, weil Sie auf einem für Behinderte ausgewiesenen Platz sitzen, obwohl dem Anschein nach der andere auch nicht schlechter stehen kann als Sie (Erde).
- Eine Frau, eben ins Abteil gekommen, sieht am anderen Ende eine Bekannte, ruft ihr durch das ganze Zugabteil etwas zu und arbeitet sich dann, ohne Rücksicht auf Verluste, zu ihr durch (Feuer).
- Zwei Männer sitzen Ihnen gegenüber und unterhalten sich, wobei der eine lautstark und alles besser wissend den anderen kaum zu Worte kommen lässt (Holz).

Alle diese Personen verhalten sich auf eine Weise extrem und auffällig und ziehen deshalb die Aufmerksamkeit anderer auf sich. Sie reizen uns, auf ihr Verhalten zu reagieren und dies tun wir mehr oder weniger angemessen. So werden dem Beobachter das Verhalten anderer und auch wir selbst in unseren

Reaktionen auf das Verhalten anderer zum Beobachtungs- und Lernfeld. Dieses Wechselspiel eröffnet uns die Möglichkeit, bestimmte Verhaltensweisen leicht einer Wandlungsphase zuzuordnen, insbesondere dann, wenn die Grundstruktur immer die gleiche ist. Soweit gilt dies als Hilfestellung, damit Sie Ihr Augenmerk auf das Ungewohnte lenken und Sie in Ihrem Verhalten experimentieren und spielen können.

Nun treffen wir nicht immer auf Menschen, deren Ausdrucksformen eindeutig zu analysieren sind, doch ist für den aufmerksamen Beobachter das Spiel der Wandlungsphasen in ihren Wechselwirkungen sichtbar.

Unbedeutende Kleinigkeiten bestimmen unseren Alltag und lassen Gefühle entstehen. Doch die Bedeutung dieser Kleinigkeiten ernst zu nehmen und sich selbst zu beobachten, ist ein notwendiges und unumgängliches Unterfangen, will man sich eigene Neigungen und Tendenzen bewusst machen. Doch welch ungleich stärkere Reaktionen werden hervorgerufen, treffen diese scheinbar unbedeutenden Kleinigkeiten durch bewusste Provokationen auf unser eigenes Ungleichgewicht, wenn sie schon bei vermeintlichen Belanglosigkeiten deutlich hervortreten!

Nehmen Sie sich jetzt die Zeit, um mit Ihren Beobachtungsfähigkeiten zu spielen. Versetzen Sie sich in jede der nun folgenden Situationen und versuchen Sie, Ihre Reaktion und/oder das Verhalten Ihres »Herausforderers« einzuordnen:

1) Nach einem langen Tag, an dem Sie für andere viel organisiert haben, Sie sich um sie gekümmert und sich Zeit genommen haben (Familie, Arbeit usw.), überfällt Sie am Abend eine starke Müdigkeit. Wie verhalten Sie sich nun in einer Situation, die erneut Ihre ungeteilte Aufmerksamkeit erfordert, die aber zu diesem Zeitpunkt völlig unnötig ist?

2) Ein gemeinsamer Grillabend mit Freunden und/oder Arbeitskollegen entwickelt sich aufgrund gemeinsamer Bemühungen zu einem schönen und gut gelungenen Fest. Um ein Paar, das von keinem so ausgesprochen gemocht wird, kümmern Sie sich besonders und versuchen, es in das Gruppengeschehen einzubeziehen. Dies führt dazu, dass Ihre eigenen Kontaktwünsche etwas hintenan stehen müssen. Als nun gemeinsame Aufräumarbeiten den Tag beschließen sollen, verabschieden sich die beiden mit den Worten: »Ihr fühlt euch doch ohne uns sowieso viel wohler – wir verabschieden uns jetzt!«

3) Von Freunden, zu denen Sie schon länger währende Kontakte pflegen, fühlen Sie sich durch deren Verhalten ausgenutzt. Erneut kommt es zu der Situation, dass Sie gemeinsam ein Lokal besuchen wollen und die anderen wie selbstverständlich davon ausgehen, mit Ihrem PKW zu dem Lokal zu fahren.

Verschiedene Versionen dieser Erfahrungen erleben wir den ganzen Tag lang. Nachdem Sie nun mit diesen Beispielen gespielt haben, werden Ihnen sicherlich noch weitere persönliche Begebenheiten einfallen, an denen sie Ihr neu erworbenes Wissen testen können.

Erwachsene und Kinder werden im Spiel-Raum zu Partnern

»Sternchen« und die fünf Farben des Lebens

Eine Geschichte

Was ist das?« ist ein Stimmchen im dunklen Raum zu vernehmen. »Komm, kleines Sternchen«, spricht das Sanfte Licht mit freundlicher Stimme. »Komm und schau, wohin deine nächste Reise gehen wird.«

Eingehüllt in das wohlig warme Leuchten des Sanften Lichts lässt sich Sternchen voller Entdeckerfreude mittreiben. Während das Sanfte Licht nach unten gleitet, sieht Sternchen wunderschöne, strahlende Farben, die hell leuchtend im wilden Reigen herumtanzen.

»Was ist das?« fragt Sternchen voll Ehrfurcht und Erstaunen. »Hier wird neues Leben geboren«, antwortet das Sanfte Licht. »Das Licht, das du hier siehst, stellt die Lebenskraft dar und die Farben halten diese Lebenskraft in Bewegung. – Komm mit!« bittet das Sanfte Licht.

Sternchen folgt dem Sanften Licht in diese sich spiralig drehende Kraft. Beim Eintauchen verwandelt sich das Licht zu einem Tunnel aus wirbelnden Farben. Prächtige Schattierungen von Blau, Grün, Rot, Gelb und Weiß sieht Sternchen. Sie alle wirbeln im Kreis herum, verschmelzen miteinander, trennen sich wieder und alles beginnt von neuem. Die Farben bilden einen Tunnel, in den sie weiter eintauchen.

»Das sind die großen Wandlungen der Lebenskraft«, spricht das Sanfte Licht, »unaufhörlich bewegen sie sich aufeinander zu und trennen sich wieder.«

»Warum?« will Sternchen, neugierig geworden, wissen.

Das Sanfte Licht funkelt hell auf und antwortet: »Das sollst du gleich erfahren.«

In dem Moment, als das Sanfte Licht aufhört zu sprechen, vernimmt Sternchen einen leisen Laut, gefolgt von einem weiteren und noch einen und noch zwei weiteren. Da erkennt Sternchen einen Raum, in dem fünf schlummernde Neugeborene liegen.

»Von jedem dieser kleinen Wesen wirst du etwas lernen und jene auch von dir«, spricht das Sanfte Licht bedeutungsvoll. »Eure Aufgabe wird sein, euch gegenseitig zu helfen.«

»Uns gegenseitig zu helfen? Wie sollen wir das machen?« fragt Sternchen erstaunt.

»Das wirst du noch erfahren«, antwortet das Sanfte Licht. »Sieh dir die Farben der Lebenskraft eines jeden Kindes an. Diese werden dich führen und leiten. Sie sind der natürliche Rhythmus des Lebens und immer bemüht, Harmonie und Gleichgewicht in das Leben eines solchen Wesens zu bringen.«

»Und wie machen sie das?« will Sternchen wissen.

»Jede dieser Farben schenkt diesen Kindern besondere Ausdrucksmöglichkeiten und Fähigkeiten. Doch erst der harmonische Fluss dieser Farben bringt die Lebenskräfte in jedem dieser Lebewesen zur vollen Wirkung.«

»Und wie kann ich ihnen dann helfen?« fragt Sternchen verwirrt.

»Irgendwann wird jedes Kind in seinem Leben Erfahrungen machen, welche den harmonischen Fluss ihrer Lebenskräfte stören. Doch durch ihre besonderen Ausdrucksmöglichkeiten wird jede dieser Farben versuchen, das Gleichgewicht im Kinde wiederherzustellen. Beobachte die Farben mit ihren Ausdrucksformen und lerne von diesen, mein Sternchen. Sieh zu, wie du mit ihnen spielen kannst, um die Lebenskraft dieser Kinder wieder ins Gleichgewicht zu bringen! So sollt ihr euch gegenseitig helfen. Jedes Kind wird dich etwas Besonderes über die fünf Lebensrhythmen lehren. Du wirst sie beobachten und dabei lernen, wie sie ihren inneren Lebensrhythmus erschaffen, der sie richtungsbestimmend bewegt und lenkt. Komm jetzt, gib Acht und sei gespannt auf das Spiel!«

Nun führt das Sanfte Licht Sternchen durch einen strahlenden Torbogen, durch den sie in die Zukunft reisen.

»Hier wirst du nun bleiben und mit den Kindern spielen, denn dies ist ein ganz besonderer Spiel-Raum. Hierher werden die Kinder tagtäglich kommen. Hier kannst du erleben, wie sich die fünf Farben als Ausdruck ihrer Lebenskraft bewegen, und hier werdet ihr mit diesen fünf Farben experimentieren, so dass ihr euch gegenseitig beim Wachsen und Lernen helft.«

Und damit verlässt das Sanfte Licht das Sternchen.

Sternchen tut, wie ihm vom Lichtstrahl aufgetragen wurde. Und tatsächlich, Tag für Tag kommen die Kinder in diesen Spiel-Raum und von Tag zu Tag wächst Sternchens Zuneigung zu diesen kleinen Wesen, während es ihre Entwicklung miterlebt. Versunken in die Spielwelt ihrer Phantasie strahlt die Lebenskraft in ihren sich wandelnden Farben durch die Kinder hindurch. Diese Kraft scheint ihren ganz eigenen anschwellenden und abebbenden Rhythmus nach einem ganz bestimmten Muster zu haben. Manchmal ist dieser Rhythmus der Farben gleichmäßig und ruhig, dann aber wieder erscheint er festgefahren und blockiert. Voller Staunen sieht Sternchen, wie sich die Stimmung der Kinder und ihr Miteinander immer in der entsprechenden Farbe widerspiegeln. Und jede Farbe gibt den Impuls für bestimmte Aktivitäten, Gefühle, Spiele, ja, sogar für die Gespräche der Kinder.

Während Sternchen dem allem zusieht und darüber nachsinnt, lernt es allmählich, sich in diesem Zyklus frei zu bewegen. Mit der Zeit erkennt es den gleichen Rhythmus in einer ganz neuen Vielfalt, eine Vielfalt, wie sie auch in den mannigfaltigen Erscheinungen der Natur auftritt. Ebenso wie die Farben, hat auch der Rhythmus der Natur einen großen Einfluss auf die Wirkkräfte in den Kindern. Diese Erkenntnis lässt Sternchen die Kraft der fünf Farben erkennen und diese für die Kinder fühlbar machen. Bald spüren die Kinder diese Kraft und taufen dieses Gefühl: »unsere Spiel-Raum-Fee«.

Nach sechs Jahren kehrt das Sanfte Licht in den Spiel-Raum zurück. Sternchen beobachtet gerade die Kinder, als ein warmes Funkeln und Glitzern die Ankunft des Sanften Lichtes ankündigt.

»Sei gegrüßt, Sternchen, na, was hast du denn in all dieser Zeit gelernt?«

»Ich habe sehr viel gelernt!« berichtet Sternchen ganz aufgeregt. »Durch meine Beobachtung der Kinder habe ich erkennen können, dass die Lebenskräfte und die Wirkkräfte, die ja durch die Farben zum Ausdruck kommen, nicht nur in den Kindern, sondern überall enthalten sind, und dass alles und jedes in der Umgebung die Lebenskräfte beeinflusst.«

Das Sanfte Licht funkelt Sternchen ermunternden Beifall zu, während Sternchen fortfährt: »Den Farben im Tunnel, durch den wir kamen, vergleichbar gibt es auch fünf sich ständig verändernde Wirkkräfte, die ein ganz bestimmtes Muster für die Lebenskraft der Kinder bilden. All ihren Aktivitäten und ihrem Verhalten liegen diese fünf Wirkkräfte zugrunde. Die verschiedenen Ausdrucksformen dieser Kräfte beeinflussen auf eine ganz bestimmte Art und Weise ihre Gefühle, ihre Erfahrungen, ihre Verhaltensmuster, ja, sogar ihr Wachstum, ihre Bewegungs- und Haltungsmuster. Wenn diese Wirkkräfte geschmeidig fließen, dann ist die Ausstrahlung der Kinder klar, strahlend und lebendig. Ich habe gesehen, wie die Farben aufsteigen, sich verändern, bewegen und fließen. Und ich habe auch ...«

Da verändert sich die Stimmung im Raum. Die Kinder beginnen laut durcheinander zu rufen und aufgeregt umherzurennen. Ein kleines Mädchen, von einem strahlenden grünen Leuchten umgeben, erklärt begeistert den anderen Kindern ihre Idee zu einem Zirkusspiel. Mit Feuer und Flamme sind die anderen Kinder dabei und überlegen, welche Rolle sie übernehmen wollen, als plötzlich ein zweites Kind sie unterbricht. Es steuert eine weitere Idee zu dem Plan bei, wobei ein strahlendes Grün von ihm ausgeht. Das kleine Mädchen kichert und gluckst, begeistert über diese neue Idee, und dabei leuchtet es in allen Regenbogenfarben, die sich anschließend dann wieder ausgleichen. Während die anderen Kinder weiterspielen, geht ein Strahlen von ihnen aus.

»Sehr gut«, sagt Sternchen ruhig, für einen Moment die Gegenwart des Sanften Lichts vergessend, »dieses Mal hat sie es ganz allein geschafft.«

»Was hat sie allein geschafft?« fragt das Sanfte Licht.

»Ihre Lebenskraft hat sich ganz von selbst wieder eingependelt«, sagt Sternchen voller Stolz. »Was ich nämlich vorher erzählen wollte, war, dass ich auch beobachtet habe, wie der Fluss der Wirkkräfte und damit auch der Farben ins Stocken gerät, und das erweckt dann den Anschein, als ob die Kinder davon ganz in Anspruch genommen würden.

Dieses Mädchen gerade eben ist durch die Farbe, in der es ins Stocken geriet, gefangen gewesen. Das kleine Mädchen, das die Idee für den Zirkusauftritt hatte, musste das mit dem grünen Aspekt ihrer Lebenskraft erfahren. Mir ist aufgefallen, dass das nach einem schrecklichen Sturz begonnen hat. Sie ist von der Kletterstange im Garten gefallen und hat sich das Handgelenk gebrochen. Seitdem hat sich ihr Verhalten drastisch geändert. Ständig hatte sie neue Ideen und Pläne, die sie immer den anderen mitgeteilt hat, sie wollte bei den darauf folgenden Spielen dann aber immer die Anführerin sein. Sie konnte nicht zulassen, dass auch andere Kinder Ideen zum Spiel beisteuern wollten. Es machte mich richtig traurig, das zu sehen, denn sie wurde von ihrem Grün so eingenommen, dass sie sich immer wieder von den anderen Kindern entfernte und nur noch für sich war. Gleichzeitig war es aber auch interessant zu beobachten, wie ihre Lebenskräfte anscheinend permanent um diese Farbe kreisten und dadurch Anstöße für neue Ideen hervorbrachten.

Die Lebenskräfte versuchen nämlich, einander ständig auszugleichen. Das lässt sich in jeder der fünf Farben, die die Bewegungen der Lebenskräfte symbolisieren, beobachten. Jedes Kind hat seine eigene persönliche Farbe, an der es zu arbeiten hat. Zusammen mit den Kindern habe ich gelernt, mit den Farben zu spielen«, sagt Sternchen mit einem rückblickenden Lächeln. »Du hattest Recht, als du sagtest, dass jedes Kind einmal eine Erfahrung machen wird, die seine persönliche Farbe stört. So zeigten sich mir die Ausdrucksformen der fünf Wirkkräfte in ihrer ausgeglichenen und unausgeglichenen Form.«

»Erzähle mir noch mehr!« bittet das Sanfte Licht.

»Ich habe gelernt, wenn ich die fünf Wirkkräfte jeweils einzeln wachrufe, dass dies Auswirkung auf die Lebenskräfte der Kinder hat und ihnen Gelegenheit gibt, mit den besonderen Eigenschaften der entsprechenden Farbe zu spielen. Immer wenn ich das sehr achtsam tat, wurde ihre Kraft wieder ausgeglichen.

Die größte Herausforderung war, ihnen alle fünf Farben anzubieten«, fährt Sternchen fort. »Immer, wenn ich versucht habe, nur mit der Farbe den Spiel-Raum zu gestalten, die ins Stocken geraten war, hat sich kaum etwas bewegt. Im Gegenteil, manchmal wurde diese Farbe dadurch noch verstärkt, und der unausgeglichene Ausdruck wurde durch diese Farbe bei dem entsprechenden Kind stärker und mächtiger. Aber wenn ich die vier anderen Farben, eine nach der anderen, dem Kind angeboten habe, hat sich sein Farbspiel verändert. Es geriet in Bewegung, wurde weich, floss ineinander und war ausgewogen.«

»Du hast deine Aufgabe sehr gut erfüllt, Sternchen«, bestätigt das Sanfte Licht.

»Eigentlich haben ja die Kinder die ganze Arbeit allein getan«, sagt Sternchen bescheiden. »Ihre Lebenskräfte scheinen genau zu spüren, was sie wirklich brauchen. An manchen Tagen konnten wir fast die ganze Zeit in einer Farbe bleiben, während es am nächsten Tag eine andere sein konnte. Es kam aber nie zu einer Ausgewogenheit, wenn nicht die anderen vier Wirkkräfte wenigstens kurz angesprochen und deren entsprechender Ausdruck ermöglicht wurden. Wir lernten daraus, zumindest kurz mit allen fünf Farben zu spielen, das hat die Kinder dann immer ins Gleichgewicht gebracht. So konnte ihre Lebenskraft frei fließen, und alle fünf Farben bewegten sich wie der Tunnel, durch den wir gekommen sind.«

Der Urrhythmus und die menschliche Entwicklung

Das in den vorherigen Kapiteln aufgezeigte *Spiel-Raum-Konzept* lässt erkennen, dass sich die Art der Umgangsweise mit den Kindern in unserer Arbeit von herkömmlichen Therapieformen unterscheidet. Wie schon beschrieben, basiert unser Ansatz auf der Annahme einer Urkraft, die allen Menschen, Kulturen, Gesellschaftsformen und Naturgeschehen gemeinsam ist. Diese Urkraft mit ihren fünf verschiedenen Aspekten ist der kleinste gemeinsame Nenner, durch den wir alle miteinander in Verbindung stehen. Sie ist die Wurzel der gesamten Menschheit und stellt eine Form gemeinsamer, archaischer Sprache dar, die kulturunabhängig verstanden werden kann.

Es ist der bereits beschriebene Urrhythmus, der alles Leben in einem ewigen, immer gleich bleibenden Kreislauf vereint. Wir beschreiben diesen Urrhythmus auf der Basis der japanisch-chinesischen Medizin, weil wir hier einige der besterhaltenen Schriften und Überlieferungen über die uns allen angeborene rhythmische Kraft finden. Die Kulturgeschichte der Menschen ist diesbezüglich reich an Aufzeichnungen von Gelehrten, Philosophen, Wissenschaftlern, Ärzten und Psychotherapeuten und in vielen Kulturen und Zivilisationen wird dieser Lebensfluss beschrieben. Aus diesem Grund bezeichnen wir auch diesen Urrhythmus als eine Form von archetypischer Sprache.

In der Zusammenarbeit mit Kindern müssen wir zu einer Haltung finden, die es uns ermöglicht, ihre Ausdrucksweise und die Weise, wie sie ihre Erfahrungen und Reaktionen den anderen mitteilen, zu verstehen. Hier bietet *Spiel-Räume* uns die Möglichkeit, uns aufgrund dieser archetypischen Sprache mit den Kindern verständigen zu können.

Es ist dieser tiefste innere Kern in den Kindern und in uns, der sich hier mitteilen und ausdrücken möchte. Von dieser Ebene aus können wir den sich entfaltenden Zyklus dieser Urkräfte erspüren. Alle Bewegungsfunktionen und Verhaltensmuster entwickeln sich aus diesen angeborenen Urkräften – es sind die Fünf Wandlungsphasen, die den Impuls für Evolution und Entwicklung geben. Sie bilden die Gesetzmäßigkeiten, die wir nutzen können, um alle ablaufenden Prozesse mit den Kindern, in den Kindern und in uns zu beschreiben. Wir sind alle Teil derselben Kraft und innerhalb aller ablaufenden Prozesse untrennbar miteinander verbunden.

Aus diesem Grund bietet *Spiel-Räume* einen ganz besonderen Raum des Miteinanderseins. Spiel-Raum-Gefährte und Kind bilden eine Partnerschaft für den Tanz mit den uralten Kräften. Diese Erfahrung lässt einen tiefen Respekt für einander entstehen. Er ist eine wichtige Grundlage für die Art des Umgangs mit den Kindern.

Die folgende Darstellung (Bild 1) zeigt den Geburtskreislauf der Fünf Wandlungsphasen. Der Kreis symbolisiert die Form des Bewegungsflusses, er veranschaulicht das Gleichgewicht in der Evolution des Lebens. Dieser ununterbrochene Kreislauf erschafft den Rhythmus im Lebensfluss. Wenn dieser Fluss ins Stocken gerät, werden die Störungen in der Entwicklung des Kindes und die Probleme in unserem täglichen Erwachsenenleben hervorgerufen.

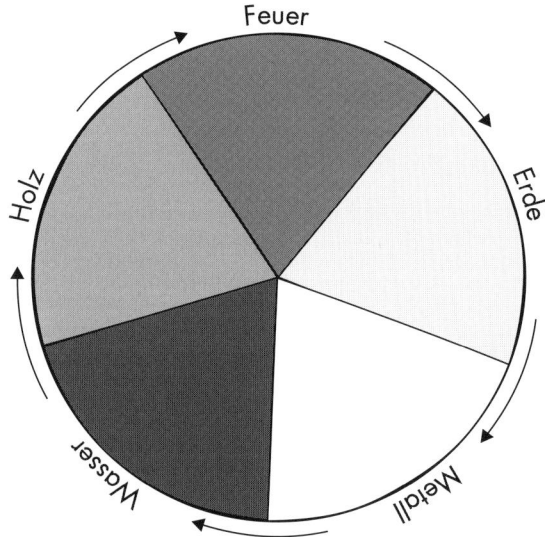

Bild 1: Eine Darstellung, die den Fluss des Urrhythmus wiedergibt

Alle Bewegungsmuster, die Körpersprache und die Verhaltensäußerungen eines Kindes sind in den einzelnen Wandlungsphasen begründet und stehen mit ihnen in direktem Bezug. Dieses energetische Netzwerk entwickelt und entfaltet sich von der Empfängnis bis hin zum Erwachsensein und bestimmt unsere gesamte

Lebenszeit. In der Kindheit und Jugend schafft dieses Netzwerk das Fundament für den Kreislauf der Wandlungsphasen und entwickelt die Muster für Balance und Ungleichgewicht im physischen, emotionalen und mentalen Bereich. In dieser Zeit finden unsere Verhaltensprägungen statt.

Wir sehen den Urrhythmus als den kleinsten gemeinsamen Nenner für alle Menschen an. Er ist die grundlegende Komponente, der die gesamte Menschheit auf einer entwicklungsmäßigen, elementaren Ebene miteinander verbindet. Die multidimensionalen Eindrücke, die der Urrhythmus von innerhalb und außerhalb des kindlichen Organismus erhält, sind Stimuli für die Entwicklung dieses energetischen Kreislaufes. So leitet der Urrhythmus einen Entwicklungsprozess ein, der verantwortlich für unsere mentale und emotionale Aufnahmefähigkeit ist und damit auch für unser Auftreten und Erscheinungsbild bis hin zur Körperhaltung als Erwachsene. Dieser Prozess lässt sich am Beispiel eines Neugeborenen verdeutlichen:

Ein Geräusch im Zimmer eines Neugeborenen regt dessen Urrhythmus an. Die Bewegung dieser angeborenen Kräfte aktiviert bestimmte Gehirnareale, eine körperliche Bewegung wird hervorgerufen, die sich zum Beispiel als stimmlicher Ausdruck zeigen kann.

Die beschriebene Situation ist ein Beispiel für eine der ersten Entwicklungsstufen des menschlichen Urrhythmus, die die Anbahnung primitiver Bewegungsmuster ermöglicht. Aufgrund der Stimulation der energetischen Bahnen in der Folge von Bewegungsfunktionen und Empfindungen, die dem Körper aus der Umwelt vermittelt werden, wird der Urrhythmus mit Informationen versorgt. Die Integration dieser Empfindungen wirkt sich wiederum auf die neurologischen und physiologischen Systeme aus. Der Urrhythmus ist somit zugleich Stimulator und Interpret für jeden Entwicklungsschritt, aber auch seine eigene Weiterentwicklung ist von dieser Wechselbeziehung abhängig.

Zu Beginn der Wachstumsphase ist der Urrhythmus eine Wirkkraft, die das kindliche Nervensystem stimuliert und alle Funktionen anbahnt. In der frühen Kindheit bildet sich diese Wirkkraft im Sinne der Fünf Wandlungsphasen immer weiter aus. Alle Reaktionen und Äußerungen repräsentieren diesen Entfaltungsprozess. Die oben beschriebene Reaktion ist Ausdruck einer Bewegung, die in den einzelnen Wandlungsphasen stattfindet und die durch die aus dem Körper und der Umwelt kommenden Empfindungen angeregt wird. Es handelt sich hierbei um die ersten Ausdrucksformen der Fünf Wandlungsphasen. Je mehr

Anregungen und Angebote das Kind erhält, die eine sinnvolle und zielgerichtete Stimulation der Wandlungsphasen bieten, desto größer werden die Handlungsmöglichkeiten, die dem Kind später zur Auswahl stehen, um allen Situationen im Leben zu begegnen.

Wenn sich dieser Entwicklungsprozess des Urrhythmus im Laufe der Zeit immer wiederholt und vertieft, erhalten wir die Fähigkeit, vielfältige Handlungsmöglichkeiten und Lösungsstrategien zur Verfügung zu haben. Und zwar in allen Zwischentönen und Abstufungen, um auch Kompromisse eingehen zu können. Die Wiederholungen geben den kindlichen Wirkkräften die Gelegenheit, die vielfältigen Reaktionen, die die Fünf Wandlungsphasen bieten, auszuprobieren und zu interpretieren. Der Schlüsselbegriff lautet: eindeutige und sinnvolle Stimulation aller Fünf Wandlungsphasen. Unsere hoch technisierte und schnelllebige Umwelt und die von ihr ausgehenden Reize beeinflussen aber ständig unsere Wandlungsphasen. Es stellt sich daher die Frage, welche Art von Einwirkungen dem Urrhythmus die Möglichkeit geben, sich auf harmonische Weise zu entwickeln.

Wir werden im Folgenden immer tiefer in das Thema einsteigen und wir werden erfahren, was die Fünf Wandlungsphasen für unser Leben konkret bedeuten. Es wird uns dann leichter fallen, auf viele Fragen Antworten zu finden. Betrachten wir unter diesem Gesichtspunkt traumatische Erlebnisse des Kindes, so zeigt sich, wie diese eine potentielle Störung für die Entwicklung und Entfaltung des Urrhythmus sein können.

Wie ein Stein im Teich

Unabhängig davon, ob wir mit genetischen Störungen, Geburtstraumata, Unfallfolgen, Behinderungen, Wahrnehmungsstörungen und daraus resultierenden Lernstörungen oder Verhaltensauffälligkeiten zu tun haben, basiert unser Ansatz auf dem Vorhandensein eines inneren Drangs, den angeborenen Urkräften, die jedem Menschen die Kraft zum Wachstum und Selbstausdruck in seinem Leben geben. Diese Urkräfte werden von den Fünf Wandlungsphasen gesteuert. Ohne diesen inneren Drang wäre eine Persönlichkeitsentfaltung im größeren Ausmaße gestört. So verspürt auch jedes Kind diesen inneren Drang, seine Erlebniswelt zu entwickeln. Diese angeborene Fähigkeit lässt alle Kinder, unabhängig von der Diagnose, in ihren Ausdrucksmöglichkeiten im Rahmen der Fünf Wandlungsphasen heranreifen. Das ist das besondere Geschenk, das wir mit dem *Spiel-Räume-Konzept* Eltern, Lehrern, Therapeuten, Pflegepersonen und Kindern in vielen schwierigen Situationen anbieten können.

Ein einfacher und bildhafter Überblick mag Ihnen zunächst vermitteln, auf welche Weise *Spiel-Räume* diese tiefste innere Ebene bewegt, öffnet und ausbalanciert – eben jene Ebene, die das innere Wesen des Kindes nährt und unterstützt.

Stellen Sie sich die Geburt eines Kindes und seiner Lebenskraft als einen Stein vor, der in einen Teich fällt. Der Stein verursacht konzentrische Wellenkreise, die, ohne sich behindern zu lassen, ihre Bewegung ununterbrochen fortsetzen (Bild 2). Die expandierenden Ringe beschreiben die Entwicklung der Fünf Wandlungsphasen, wobei jeder Wellenring alle Fünf Wandlungsphasen symbolisiert. Treffen sie auf kein Hindernis, werden sie sich kreisrund ausdehnen, bis sie ihre endgültige Begrenzung finden. Doch in den meisten Teichen finden sich, wie im Leben auch, irgendwelche Hindernisse, die sich den ausdehnenden Wellenkreisen in den Weg stellen. Dadurch wird der Kreis von einer bestimmten Ausdehnung an unterbrochen.

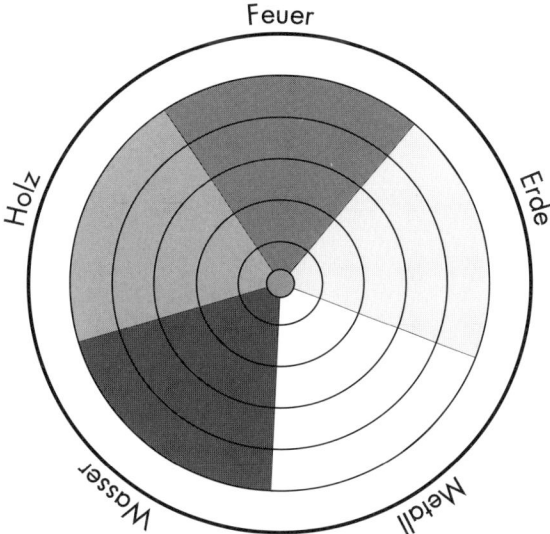

Bild 2: »Ein Stein im Teich«

Der Stein im Teich symbolisiert die Geburt eines Kindes. Die sich ausdehnenden Wellenkreise beschreiben den Ausdruck der kindlichen Entwicklung im Rahmen der Fünf Wandlungsphasen, die im Fluss des Urrhythmus sind, während das Kind heranwächst.

Bei der Entfaltung der Fünf Wandlungsphasen in der kindlichen Entwicklung läuft ein vergleichbarer Prozess ab. Ein Kind verspürt den inneren Drang zu wachsen und sich weiter zu entwickeln, ohne Rücksicht auf seine innere oder äußere Umgebung. Die Steine und Stöcke, die sich seinen »Wellen« in den Weg stellen, entsprechen den Erfahrungen, denen wir auf dem Lebensweg in unserer modernen Welt begegnen. Treffen unsere Lebens- und Wirkkräfte, die in diesem Bild von den Wellen symbolisiert werden, auf Hindernisse, so werden sie lückenhaft oder in ihrer Entwicklung unterbrochen. Ihre Ausdehnung verläuft dann nicht mehr kreisförmig.

Dem wollen wir mit unserem *Spiel-Räume-Konzept* entgegenwirken. Unser Ziel ist es, Wege anzubieten, um den Wellen die Kraft zu geben, sich über alle Hindernisse im Teich hinweg zu bewegen. Wir nutzen Spiele und Situationen, Bewegungsformen und Übungen, um den konzentrischen Ringen der Fünf Wandlungsphasen die Gelegenheit zu geben, ihre geschlossene, runde Form wiederzufinden.

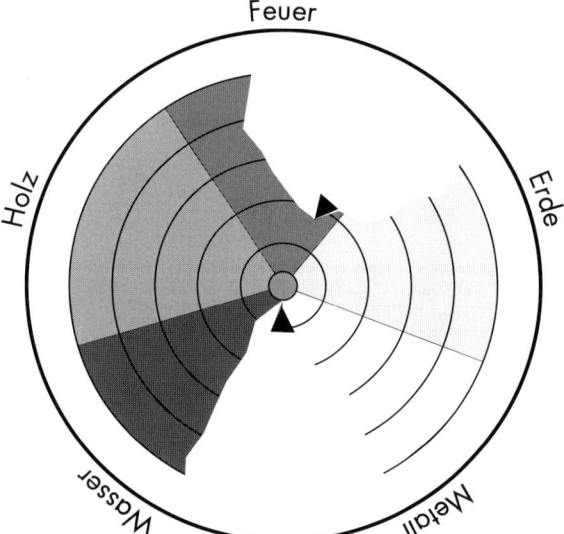

Bild 3: Die Abbildung zeigt die Entwicklung eines Kindes, bei dem die Entfaltung der Fünf Wandlungsphasen aufgrund von Lebenserfahrungen gehemmt wurde.

Mit dem Bild vom Stein im Teich können wir auch die Einschränkungen beschreiben, wie sie aufgrund von Stagnationen in der Entwicklung einzelner Ausdrucksformen der Wandlungsphasen beim Menschen entstehen (Bild 3).

Nimmt die Ausdehnung der Kreise wieder eine runde, geschlossene Form an, dann sind alle Ausdrucksformen der einzelnen Wandlungsphasen verfügbar sowie abrufbar und die weitere Entwicklung des Kindes verläuft ausgeglichener (Bild 4).

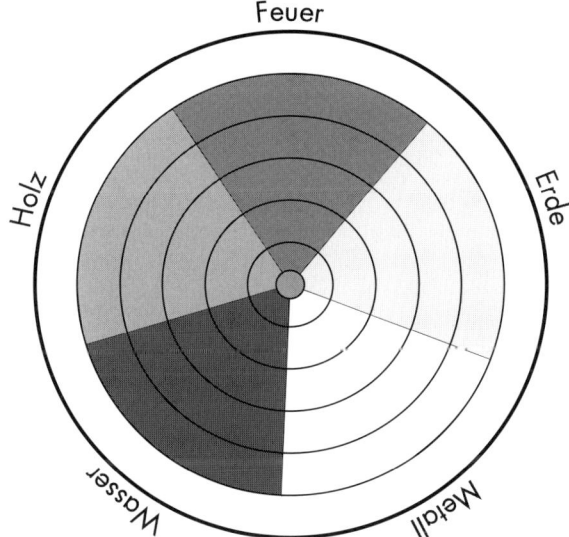

Bild 4: Vollständig rund ausgeprägtes Muster der Entwicklung: Hier zeigt sich, dass das Kind keine auffälligen hemmenden Erfahrungen in seinem bisherigen Leben gemacht hat. Damit hatte es die Möglichkeit, die ganze Ausdrucksvielfalt aller Fünf Wandlungsphasen und damit den Urrhythmus zu entwickeln.

Die Ringe setzen ihren sich ausdehnenden Kurs fort, unabhängig davon, ob sie sich harmonisch ausdehnen können oder ob ihnen nur begrenzte Möglichkeiten zur Verfügung stehen.

Im späteren Erwachsenenleben wird dann deutlich, dass die runde, geschlossene Form der Ausdehnung wesentlich mehr Möglichkeiten bereithält, da alle Urkräfte zur Verfügung stehen (Bild 6). Mit anderen Worten, solchen Menschen stehen sehr viel mehr Verhaltensmuster und Handlungsmöglichkeiten in schwierigen Lebenssituationen zur Verfügung als Kindern und Erwachsenen, deren Wirkkräfte unterbrochen wurden (Bild 5).

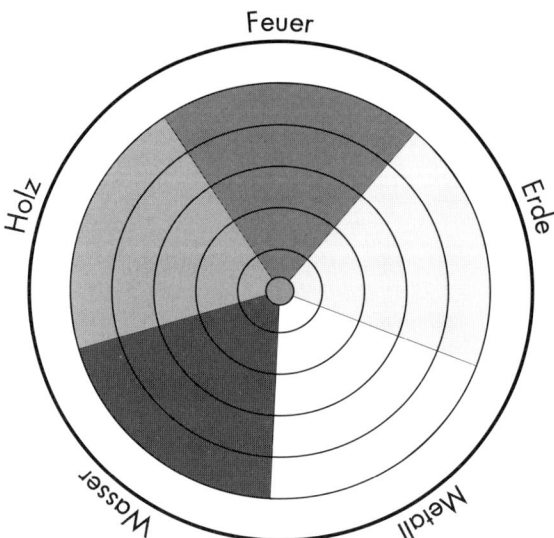

Bild 5: Die Abbildung stellt den Urrhythmus eines Erwachsenen dar, dessen Lebensgeschichte die volle Entfaltung der Fünf Wandlungsphasen verhindert hat.

Sie hatten nicht die Möglichkeit, die Fünf Wandlungsphasen vollständig zu entfalten. Dadurch ist die Vielfalt der Möglichkeiten begrenzt, so dass sie in ihrem Verhalten besonders auf Wandlungsphasen zurückgreifen, die sich in ihrer Entwicklung weiter entfalten konnten. So begegnet zum Beispiel ein Kind mit einem stark betonten Ausdruck in der Wandlungsphase Holz neuen ungewohnten oder unangenehmen Situationen mit Zorn oder sogar aggressivem Verhalten. Auf der anderen Seite kann es in seiner schöpferischen und künstlerischen Entwicklung seinem Alter weit voraus sein.

Die Entstehung dieser Ungleichgewichte hängt davon ab, welche Wandlungsphase wann in ihrer Entwicklung unterbrochen wurde, und auch von den Impulsen, die die Kinder von ihrer Umwelt als Reaktion auf ihr Verhalten bekommen haben. Störungen können sich in einem überreifen oder unreifen Verhalten zeigen, ebenso auch in mangelhaft entwickelten oder überdurchschnittlich gut entwickelten grob- oder feinmotorischen Fähigkeiten. Der Urrhythmus sucht sich seine Ausdrucksform dort, wo er im Rahmen der Fünf Wandlungsphasen nicht aufgehalten wird.

Zu beachten ist dennoch, dass auch bei einer gestörten Ausdehnung der einzelnen Kreise alle Kräfte des Urrhythmus in allen Wandlungsphasen gegenwärtig sind, sie aber zu diesem Zeitpunkt nicht abgerufen werden können. Hier ist es nicht wie beim Nervensystem, das seine Funktionsfähigkeit verliert, wenn es unterentwickelt oder durchtrennt ist. Vielmehr stehen uns die Gaben der Fünf Wandlungsphasen während unserer ganzen Lebenszeit zur Verfügung. Sie brauchen nur den richtigen Anreiz, um sich für die Ausbreitung der konzentrischen Kreise zu öffnen. Dann kann sich die Entfaltung jeder einzelnen Wandlungsphase in ihrer physischen, verbalen, emotionalen und mentalen Ausdrucksform weiter fortsetzen und damit unsere Entfaltungsmöglichkeiten im Leben um ein Vielfaches vergrößern.

Das Kind oder der Erwachsene machen gezielt in jeder der einzelnen Wandlungsphase Erfahrungen und erhalten dadurch den Anreiz, früher erfahrene Begrenzungen zu überwinden (Bild 6). Die besondere Kraft einer jeden Phase kann dann erlebt werden und niemand muss sich wie bisher auf vielleicht zwei oder drei einzelne Phasen beschränken. Verschlossene Kanäle öffnen sich, so dass wir unser gesamtes angeborenes Potential in unserem Leben zur Verwirklichung bringen können.

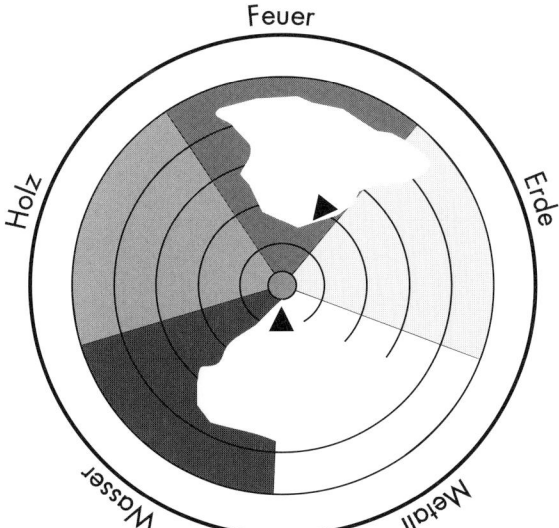

Bild 6: Die Bewegung des Urrhythmus jenseits aller Störungen und Begrenzungen im Spiel-Raum: Wenn das Kind oder der Erwachsene im Spiel-Raum Erfahrungen durch Aktivitäten und Stimuli in allen Fünf Wandlungsphasen erfährt, eröffnen diese dem Urrhythmus die Möglichkeit, jenseits der Behinderungen und Begrenzungen seine Entfaltung fortzusetzen.

Im Folgenden möchten wir Erzieher, Lehrer, Eltern, Therapeuten und andere Betreuungspersonen, kurz jeden, der in seinem Umgang mit Kindern wachsen möchte, einladen, unser Konzept kennen zu lernen. Dazu ist zunächst notwendig, die Rolle all derer, die auf der Basis der Fünf Wandlungsphasen mit Kindern arbeiten wollen, näher zu betrachten.

Die Rolle des Erwachsenen im *Spiel-Raum*

Im *Spiel-Raum* werden die angeborenen schöpferischen Kräfte des Menschen durch Aktivitäten und Bewegungsformen wachgerufen. Diese Arbeit stellt einen ständigen Prozess von Wahrnehmen, Miterleben, Den-Raum-Erschaffen und Teilhaben in seiner differenzierten Form dar. Für uns ist das gemeinsame Erschaffen dieses Raumes und die gemeinsame Teilhabe daran von großer Bedeutung. Unsere Rolle in diesem Spiel ist daher nicht mit einer herkömmlichen »Therapeutenrolle« zu verwechseln, die wir mehr in einer distanzierten Weise verstehen.

Da die Urkraft das gemeinsame Bindeglied zwischen allen Menschen ist, ist auch der Spiel-Raum-Gefährte ein Teilnehmer an diesen Prozessen. Seine Rolle könnte als die eines Navigators für eine gemeinsame Reise im Kreislauf der Fünf Wandlungsphasen bezeichnet werden.

Wenn Sie noch einmal Bild 6 betrachten, sehen Sie, dass der äußerste Ring jenen Raum darstellt, den der Navigator anbietet. Alle in diesem Raum stattfindenden Aktivitäten sind Manifestationen dieses uralten Kreislaufes. Während die Kinder sich mit den Angeboten im Rahmen der Wandlungsphasen auseinander setzen, nehmen ihre Möglichkeiten von Lebensäußerungen mehr und mehr zu. Der Erwachsene wird zu einem Partner der Kinder, der sie durch den Raum lotst – durch einen Raum, der die Möglichkeiten des Ausdrucks für alle unsere angeborenen Seinsmöglichkeiten bietet. Wir Erwachsene nehmen im Gegensatz zu den Kindern diesen sich entfaltenden Prozess auf einer eher mentalen und beschreibenden Ebene wahr. Ein Kind wird jede Wandlungsphase viel ursprünglicher erleben, da sich die Muster der Fünf Wandlungsphasen noch in ihrer Entwicklung befinden. Aber sowohl der Erwachsene als auch das Kind kann die Essenz der Erfahrung machen, wenn die Kräfte sich im Kreislauf bewegen. Fließen die Kräfte im Kind, so fließen sie auch in uns und fließen sie in uns, so können wir sie auch im Kind anregen.

Den *Spiel-Raum* zu schaffen beginnt mit der Arbeit an uns selbst

Bietet man Kindern *Spiel-Räume* an, übernimmt man auch eine große Verantwortung. Auf der Suche nach Richtlinien und Rezepten können theoretische Beschreibungen und die vielen Informationen sehr verführerisch sein. Daher ist es wichtig, sich klarzumachen, dass es keine diagnostischen Tabellen und Lösungen für die Übungen im *Spiel-Raum* gibt. Wir haben die Erfahrung gemacht, dass das uralte Wissen über diese Kreisläufe in jedem von uns vorhanden ist. Wird den Kindern die Möglichkeit gegeben, sich in einer der Fünf Wandlungsphasen auszudrücken, dann wählen sie automatisch die Phase, die ihre eigene innere Ordnung wieder ins Gleichgewicht bringt.

Folgt der Spiel-Raum-Leiter seinem eigenen inneren Rhythmus, während er Spiele und Übungen anbietet, werden ihm auch die passenden Angebote zur Verfügung stehen, die mit der jeweiligen Phase korrespondieren. Dies ist ein wichtiges Leitkriterium für die Arbeit mit dem vorliegenden Konzept.

Während wir den *Spiel-Raum* schaffen, müssen wir lernen, auf den Kreislauf der Fünf Wandlungsphasen in uns zu horchen und ihn wahrzunehmen. Gleichzeitig müssen wir darauf achten, wie sich die Fünf Wandlungsphasen in dem Verhalten der Kinder äußern und ihnen Spiele und Übungen anbieten, die den Fluss der Kräfte anregen. Der erste Schritt besteht deswegen darin, selbst Erfahrungen auf diesem Gebiet zu machen und den eigenen Urrhythmus und die innere Ordnung wachzurufen, um den Umgang mit dem *Spiel-Räume-Konzept* zu erlernen.

Einige Grundlagen, wie sich die Kräfte im Leben der Kinder ausdrücken, haben wir Ihnen bereits vorgestellt, und vielleicht hat Sie das bereits zum Nachdenken über die Verfügbarkeit Ihrer eigenen Aspekte angeregt. Als Erwachsene können wir die Wandlungsphasen vielleicht sogar direkter wahrnehmen als bisher beschrieben. Die Art, wie wir denken und Probleme lösen, drücken wahrnehmbare Erscheinungen der einzelnen Phasen in uns aus. Alle unsere Verhaltensweisen entsprechen diesem Kreislauf und seinen fünf Kräften. Jede dieser Phasen hat mentale und emotionale Qualitäten, die unseren innersten Wesenskern, der uns mit allen Menschen gemeinsam ist, unterstützen.

Im Folgenden möchten wir Sie bitten, sich einmal über die weiter unten aufgeführten Fragen Gedanken zu machen. Sie haben das Ziel, unseren eigenen inneren Rhythmus und das Verständnis der uns angeborenen Ordnung anzuregen. Jede dieser Fragen repräsentiert eine Eigenschaft, die einer der Fünf Wandlungsphasen zugeordnet wird. Und jede Frage ruft selbst eine der Wandlungsphasen wach. Erlauben Sie sich, Ihre Gedanken und die geistigen Prozesse wahrzunehmen, die mit jeder einzelnen Phase korrespondieren. Nehmen Sie sich bitte Zeit, die Fragen schriftlich zu beantworten. Spüren Sie nach, wie Sie sich vor, während und nach dieser Übung fühlen.

1. Beschreiben Sie, wie sich Mut in Ihrem Leben ausdrückt. – *Wasser*
2. Beschreiben Sie, wie sich in Ihrem Leben eine kluge Entscheidungsfindung und eine klare Sichtweise zeigen. – *Holz*
3. Beschreiben Sie, wann im Leben Ihr Herz weit und offen ist. – *Feuer*
4. Beschreiben Sie, wie Sie in Ihrem Leben Unterstützung erfahren. – *Erde*
5. Beschreiben Sie, wie sich Respekt und Anerkennung auf allen Ebenen in Ihrem Leben zeigen. – *Metall*

Die Fünf Wandlungsphasen schenken uns Unterstützung durch ihre Grundqualitäten, und sie ermöglichen es uns, auf eine klare, verantwortliche, mitfühlende, unterstützende, respektvolle und weise Art im Leben zu stehen. Sie sind beteiligt an unseren Entscheidungen und Gefühlsäußerungen, und sie schenken uns auch die Gabe, den Kindern als Spiel-Raum-Gefährte zu begegnen.

Die vorgestellten Fragen eröffnen uns die Möglichkeit, einige der grundlegenden menschlichen Werte, die die Wandlungsphasen in unserem Leben bereitstellen, zu erfahren und über sie nachzudenken. Diese Übungen können wir immer wieder machen. Sie geben uns die Möglichkeit zu erleben, wie die Gaben der Wandlungsphasen uns in allen Lebenssituationen unterstützen.

In unserem Erwachsenenleben sind die Eigenschaften der Fünf Wandlungsphasen ungeheuer vielfältig und aus all den Erfahrungen aus unserer frühen Kindheit gewachsen. Forschen wir tiefer nach, finden wir heraus, wo sich Stagnationen im Laufe unserer Entwicklung herausgebildet haben. Diese Erfahrung zu machen, ist Teil des Spiel-Raum-Prozesses.

Ein erstaunlicher Aspekt dieser angeborenen Kräfte ist, dass, je mehr wir zusammen mit den Kindern daran arbeiten, die Kräfte zum Fließen anzuregen, sie sich auch in uns öffnen, bewegen und fließen. Ohne unsere eigenen Kräfte zu beeinflussen, können wir nicht im *Spiel-Raum* agieren. Sobald Sie spüren, dass dieser Prozess bei Ihnen beginnt, sind Sie angekommen. Wir heißen Sie willkommen im *Spiel-Raum*!

Die Fünf Wandlungsphasen unterstützen uns auf sehr spezifische Weise in unserer Rolle als Erzieher, Lehrer, Therapeut, Eltern oder Spiel-Raum-Gefährte. Unabhängig davon, welche Art von Tätigkeit wir ausüben – sei es, dass wir mit Kindern, Erwachsenen oder verschiedenen Gruppen arbeiten –, können die hier beschriebenen Aspekte uns tiefe Erkenntnisse über unsere eigene Rolle als Erzieher, Lehrer, Therapeut, Eltern oder Gruppenleiter vermitteln.

Erwachsene im Wechselspiel der Fünf Wandlungsphasen

Nutzen Sie die folgenden Beschreibungen der Fünf Wandlungsphasen und die dazugehörigen Fragen, um Ihre Erfahrungen, in welcher Rolle auch immer Sie bisher tätig waren oder sind, zu reflektieren. Aufgeführt seien hier einige kurze Beispiele, wie die Fünf Wandlungsphasen uns in unserer Rolle als Erzieher, Lehrer, Therapeut oder Eltern unterstützen können.

Wasser
Die Wandlungsphase Wasser gibt uns die Fähigkeit, auf all das zu hören, was im Tun oder Nicht-Tun des Kindes als Antwort auf die Aktivitäten im *Spiel-Raum* unausgesprochen bleibt. Die Kraft des Wassers gibt uns die Fähigkeit, Eingebungen aus dem Unbewussten über das zu erhalten, was das Kind in seinen Verhaltensweisen und Bewegungsformen nicht direkt ausdrückt.

Wasser gibt uns die Gelassenheit und die tiefe Ruhe in angstbeladenen Situationen. Das Wasser stattet uns mit der Fähigkeit aus, in Momenten der Entspannung und Stille im *Spiel-Raum* ruhig anwesend zu sein.

Holz
Das Holz gibt uns die Fähigkeit, alle Aktivitäten und Aktionen im *Spiel-Raum* zu steuern. Die Leitung jeglicher Prozesse erfordert klare Einsicht und eine Vision bzw. einen Plan, um all die Details zu erkennen, die für die Realisierung des »großen Bildes« nötig sind. Die Wandlungsphase Holz schenkt uns diese Fähigkeiten. Zusammen mit der Kapazität zu leiten, zu führen und die Spiele, Übungen, Bewegungsformen und Situationen auszuwählen, können wir dann den Kindern bei der Entfaltung der Ausdrucksfähigkeit in allen Fünf Wandlungsphasen helfen. Ebenso haben wir mit dem Holz die Möglichkeit, Stagnationen und Hindernisse, die im *Spiel-Raum* entstehen, zu erkennen sowie die

natürliche Flexibilität, den Raum so zu verändern, dass er den erforderlichen Bedürfnissen entspricht.

Ist die Urkraft Holz gegenwärtig, hat der leitende Erwachsene eine so breit gefächerte Sichtweise, als beobachte er von einem Hügel aus all die Aktivitäten im Tal und befinde sich zugleich in der Mitte des Feldes, um jene Entscheidungen zu treffen, die den Prozess am Fließen halten.

Feuer

Die Wandlungsphase Feuer befähigt uns, eine Atmosphäre der Zusammengehörigkeit in der Gruppe und das Gefühl von Partnerschaft während des gesamten Spiel-Raum-Prozesses zu schaffen. Der Gruppenleiter vermag durch das Feuer einen tief gehenden Kontakt in der Gruppe zu schaffen, der sich durch Mitgefühl, Wärme und Offenheit im Umgang miteinander zeigt. Gute Kommunikations- und Interpretationsfähigkeit für alles, was im *Spiel-Raum* abläuft, ist ebenfalls Teil eines harmonischen Feuerausdrucks.

Am leichtesten gibt sich das Feuer durch Lachen und Freude zu erkennen – eine Vitalität, aufgrund derer wir eine wirkliche Freude im Spiel mit den Kindern empfinden. Das Feuer macht möglich, dass wir sämtliche Erfahrungen im *Spiel-Raum* unbeschwert erleben.

Erde

Während aller ablaufenden Prozesse fokussiert und zentriert zu sein, ist eine Gabe, die durch die Urkraft der Erde hervorgerufen wird. Mit der Erde sind wir in der Lage, eine für alle Aktivitäten und Erfahrungen so wichtige tragende und unterstützende Rolle zu übernehmen. Wir schaffen dann eine Umgebung, in der sich Erwachsener und Kind auf einer gemeinsamen Basis bewegen. Diese gemeinsame Basis ist die dem Urrhythmus zugrunde liegende Kraft, die die Erscheinungsformen der Fünf Wandlungsphasen im Erwachsenen und Kind und außerhalb von ihnen bewegt. Die Kraft der Erde unterstützt diesen gemeinsamen Prozess und ermöglicht uns Erwachsenen, einen Platz zu schaffen, in dem ein Austausch – oder bildlich gesprochen: ein Tanz – zwischen uns und dem Kind stattfinden kann. Auch wird uns von der Erde Einfühlungsvermögen und Rücksichtnahme für die Mühen und das Ringen der Kinder verliehen.

Insgesamt gibt die Kraft der Erde dem Erwachsenen die Gelassenheit und das Bewusstsein, die beide aus der gemeinsamen Erfahrung um das Ringen des Gleichgewichtes im Urrhythmus hervorgehen.

Metall

Mit der Kraft des Metalls entwickeln wir den Sinn für Achtung und Respekt, die wir den Kindern und ihren Erfahrungen entgegenbringen. Diese Kraft ermöglicht uns, die Äußerungen und Reaktionen der Kinder im *Spiel-Raum* anzunehmen und anzuerkennen. Aus dieser Wandlungsphase entsteht auch das Bewusstsein für die persönlichen Grenzen und Einschränkungen des Kindes.

Wenn wir sämtliche Ausdrucksformen der Fünf Wandlungsphasen zulassen wollen, müssen wir Befunde und Beschränkungen, die in einer medizinischen Diagnose festgehalten wurden, loslassen, um dem Kind sämtliche Ausdrucksmöglichkeiten offen zu halten. Diese Fähigkeit wird durch die Kraft des Metalls bereit gehalten. Metall macht uns offen für die Inspirationen, die die Fünf Wandlungsphasen uns schenken, wenn der Kreislauf des Urrhythmus die Erlaubnis zum Fließen hat.

Um uns über die bei uns im Augenblick herrschende Gewichtung der Wandlungsphasen ein etwas klareres Bild zu verschaffen, können die folgenden Fragen hilfreich sein. Diese Fragen sind als Übungen zu verstehen, mit denen wir unser Bewusstsein für die Fünf Wandlungsphasen, die in ständiger Bewegung sind, schärfen wollen. Hierbei ist es wichtig zu erwähnen, dass diese Fragen keine diagnostischen Werkzeuge sind, um Blockaden oder festgefahrene Vorstellungen im Rahmen des Kreislaufes der fünf Kräfte im Urrhythmus aufzudecken. Im Gegenteil. Sie sind Werkzeuge, mit denen wir die Bewegung und Öffnung dieser uns allen gemeinsamen Kräfte erfahren können. Wollen Sie die ständigen Fluktuationen und Bewegungen dieser Kräfte entdecken, nutzen Sie bitte folgende Übungen.

Wasser
- Wie gehen Sie mit neuen Situationen in Ihrem Leben um?
- Wie gehen Sie mit Kindern oder Erwachsenen um, denen Sie zum ersten Mal begegnen?
- Was macht Ihnen am meisten Angst, wenn Sie mit den Kindern arbeiten?
- Gibt es in Ihrer Arbeit Raum für Momente der Ruhe und Entspannung? Wenn ja, wie fühlen Sie sich, wenn Stille eintritt?
- Gibt es in Ihrer Arbeit mit Kindern Momente, in denen Sie nicht wissen, was Sie tun sollen? Wenn ja, wie fühlen Sie sich und wie reagieren Sie?

Holz

- Haben Sie einen Traum oder eine Vision, wie Sie mit den Kindern arbeiten möchten? Wenn ja, wie deckt sich diese Vision mit Ihrer gegenwärtigen Art zu arbeiten?
- Bleibt bei Ihrer Arbeit noch Raum für Ihre eigenen Einsichten und Ihre Kreativität? Wenn ja, nennen Sie einige Beispiele.
- Unabhängig davon, in welchem Arbeitsfeld Sie mit Kindern zu tun haben: Wie leicht fällt es Ihnen, Kinder zu führen und zu leiten?
- Fällt es Ihnen leicht, sich die Übungen, die Sie in der Stunde einsetzen möchten, auszudenken? Welche Gegebenheiten erleichtern oder erschweren Ihnen diesen Prozess?
- Sind Sie flexibel, während Sie mit den Kindern arbeiten? Beschreiben Sie einige Situationen, in denen Sie flexibel oder starr reagiert haben.
- Welches sind die für Sie schwierigsten Situationen, wenn Sie mit Kindern arbeiten?
- Wie gehen Sie mit einem Kind um, das keines Ihrer Angebote annimmt? Wie fühlen Sie sich in solchen Situationen?

Feuer

- Haben Sie Spaß, wenn Sie mit Kindern arbeiten?
- Beschreiben Sie Situationen, die Ihnen in Ihrer Arbeit mit den Kindern am meisten Freude machen und solche, wenn der Spaß an der Arbeit schwindet und sich alles so schwer anfühlt.
- Welche Situationen schaffen die größte Wärme bei Ihrer Arbeit?
- Beschreiben Sie Situationen, in denen sich eine kalte Atmosphäre entwickelt hat und ein Kontaktverlust entstanden ist. Wie haben Sie sich dabei gefühlt und wie haben Sie reagiert?
- Fällt es Ihnen leicht, bei Ihrer Arbeit mit den Kindern zu kommunizieren? Wann wird die Kommunikation schwierig und wann leicht?

Erde

- Fällt es Ihnen leicht, fokussiert und zentriert in Ihrer Arbeit mit den Kindern zu bleiben? Beschreiben Sie Beispiele für leichte und schwierige Momente.
- Wodurch fühlen Sie sich in Ihrer Arbeit unterstützt?
- Beschreiben Sie eine Begebenheit, in der Sie sich nicht unterstützt gefühlt haben. Wie haben Sie reagiert und wie haben Sie sich gefühlt?

- Wie schaffen Sie eine Atmosphäre der Unterstützung für die Kinder?
- In welcher Beziehung stehen Sie zu den Kindern, mit denen Sie arbeiten? Wie würden Sie Ihre Rolle der Verantwortlichkeit beschreiben?

Metall
- Wie zeigen sich Ihnen Respekt und Anerkennung, die Ihnen und den Kindern während der gemeinsamen Arbeit entgegengebracht werden?
- Machen Sie inspirierende Erfahrungen bei Ihrer Arbeit? Beschreiben Sie Gegebenheiten, die sehr inspirierend für Sie waren.
- Wie leicht fällt es Ihnen, störende Erfahrungen, die Sie mit den Kindern während der Arbeit gemacht haben, loszulassen und Raum für neue Möglichkeiten zu schaffen?
- Welche Situationen oder Erfahrungen können Sie in Ihrer Arbeit am schwierigsten loslassen?
- Was hilft Ihnen dabei, sich von diesen störenden Erfahrungen zu lösen?
- Wie leicht fällt es Ihnen, ein Bewusstsein für die persönlichen Grenzen der Kinder, mit denen Sie arbeiten, zu entwickeln?
- Werden diese Grenzen respektiert? Wenn ja, in welcher Form?

Dem Leser ist beim hoffentlich bezugsreichen Gang durch dieses Kapitel unschwer klar geworden, dass zwei Dinge uns besonders wichtig sind. Zum einen legen wir sehr großen Wert auf den gleichberechtigten Kontakt der Partner und eine damit verbundene gegenseitige Begleitung. Als »Steuermann« oder »Steuerfrau« hat zwar der Erwachsene das umfassendere Verständnis, während das Kind mit einem Anliegen kommt. Dies ist aber nur eine Form der Rollenzuschreibung, die wir zu Beginn des Zusammenkommens wählen. Wir können als Erwachsene die Kinder dann angemessen begleiten, wenn wir bereit sind, von ihnen durch die Wechselwirkung im Geschehen zu lernen. Eine Begleitung kann ohne diesen Austausch und die Bereitschaft zur Veränderung nicht stattfinden. Ähnlich wie in China oder Japan können wir dies in unserer Arbeit auch ganz praktisch mit einer Geste zum Ausdruck bringen. Nach jeder »Stunde« bedanken wir uns bei unseren Partnern für die Möglichkeit des gegenseitigen Lernens.

Die zweite für uns wesentliche »Dynamik« liegt in der Erkenntnis, dass nichts hinderlicher ist als die Idee des Katalogisierens oder schubladenhaften Einordnens. Unser Buch soll Ihnen helfen, Neigungen, Schwerpunkte und Verhaltensweisen zu erkennen. Unserer Arbeit liegt die Idee zugrunde, die Wandlungsphasen als lebensunterstützende Maßnahmen mit einzubeziehen, um unsere Beweglichkeit und Kreativität im Umgang mit anderen und nicht zuletzt auch mit uns selbst zu fördern.

Wir sind nicht mehr frei genug, um im Sinne der Wandlungsphasen ein »buntes« Leben zu führen, denn die Anpassung an Zwänge und Lebensumstände nimmt einen sehr großen Raum ein. Wir leben in einer Gesellschaft des Re-agierens, da es uns oft an Möglichkeiten fehlt (an Zeit, Kreativität, Mut, Spontaneität, Struktur), um schöpferisch zu agieren. Meist orientieren wir uns an Gewohntem – das ist zwar der einfachste, aber nicht immer der wirksamste Weg. Unser Verhalten ist überschaubar und andere können leichter mit uns umgehen. Ist jemand jedoch »bunt«, also vielschichtig in seinem Verhalten, wird diese Person für andere zu einem komplizierten, schlecht einzuordnenden, ja unter Umständen sogar zu einem unberechenbaren Gegenüber. Also leben wir lieber schlicht, einfach, farblos und neigen zum Kopieren von Verhaltensweisen. Allerdings schmeckt, sieht und riecht dann alles gleich – und wir führen ein Leben wie aus der Konservendose. Wir sind »kommunikationsfähig« und umgänglich, fordern keine Kritik heraus und passen in ein entsprechendes Bild. Wir verhalten uns unauffällig ...

Schwierig wird es erst, wenn unsere Ausdrucksmöglichkeiten so beschnitten sind, dass immer weniger an Re-Aktionsfähigkeit bleibt. Hier setzt unsere Arbeit an. Sie stellt einen Versuch dar, mit unseren Wandlungsphasen wieder in Kontakt zu kommen, damit wir das uns einschränkende und behindernde Verhalten erkennen können. Und das geht nur, indem wir uns als Lernende, als Wandernde und als sich zwischen den Wandlungsphasen Bewegende verstehen.

Von der praktischen Umsetzung im pädagogischen Alltag

Stundenplanung und Stundengestaltung

Die Erfahrung hat gezeigt, wie wichtig es ist, die innere Ordnung in der Abfolge und dem Rhythmus der Fünf Wandlungsphasen auf die Strukturierung einer Stunde zu übertragen. Gemeint ist damit z.B. eine Schulstunde, eine Arbeitseinheit im Kindergarten oder ein Vormittag als Einheit. Oder auch Abendveranstaltungen mit einem Thema wie »Rückenschule«. Jede Stunde folgt dem natürlichen Fluss der Wandlungsphasen mit einem klaren Anfang und einem klaren Ende. Der Ablauf fühlt sich rund und in sich geschlossen an, und ohne Worte spüren alle Beteiligten, wann die Stunde zu Ende ist. Die Kinder finden von selbst den Abschied.

Somit weist jede Stunde eine klar strukturierte und immer wiederkehrende äußere Ordnung auf. Sie bietet den Kindern den geschützten Raum, in welchem sie die Sicherheit ihrer eigenen inneren Ordnung erfahren können. Für Kinder, die nicht in Kontakt mit ihrem eigenen Rhythmus sind, stellt ein offenes Angebot, wie es oft gehandhabt wird, eine Überforderung dar. Deshalb schaffen wir diesen äußeren Rahmen, der ihnen als Hilfe dient. Wann ein solcher Rahmen sinnvoll ist, muss immer neu erspürt werden. Wichtig ist immer, dass er auf Respekt und Anerkennung basiert. Die Kinder empfinden es als sehr wohltuend, die Sicherheit dieser Ordnung zu haben. In solch einem Rahmen können sie sich voll entfalten.

Am Anfang einer jeden Stunde steht die so genannte *Vorbereitungsphase*. Sie dient zum Ankommen und Einstimmen, zur Anregung des Kreislaufes, des Stoffwechsels und des Energieflusses in den einzelnen Wandlungsphasen.

In der darauf folgenden Wandlungsphase *Holz* wollen wir das Pflänzchen, das während der Stunde wachsen soll, zur Entfaltung anregen. Hier geht es um Kontaktaufnahme, Entwickeln von Ideen und darum, die Kräfte zu mobilisieren, überschüssige Energien auszutoben, richtig aktiv zu werden, sich abzureagieren und um das Ausprobieren der eigenen Fähigkeiten.

Mit der Wandlungsphase *Feuer* erreicht unser Pflänzchen das Blütestadium. Hier stehen das Miteinander, das Erleben des »Wir-Gefühls« in der Gruppe, die Kontaktfähigkeit und die Kommunikation auf allen Ebenen, aber auch die pure Lebenslust mit viel Gelächter, im Mittelpunkt.

In der Wandlungsphase *Erde* trägt unser Pflänzchen die ersten Früchte. Jetzt wird es etwas ruhiger in der Gruppe. Hier erleben wir Geben und Nehmen und auf welche Art und Weise wir uns gegenseitig Unterstützung anbieten können. Wir lernen, wie wir Kontakt zu unserer Mitte spüren und die Konzentrationsfähigkeit verbessern können und wie wir den Boden unter unseren Füßen wahrnehmen, der uns gemeinsam trägt.

In der Wandlungsphase *Metall* ist der Samen gereift und hat sich vervielfacht. Die Blätter lösen sich und fallen ab. In der Stunde bedeutet das, die Bedeutsamkeit von Respekt, Achtsamkeit und Anerkennung im Umgang miteinander, aber auch mit uns selbst, zu erfahren und zu erkennen, wie bedeutsam eine innere Ordnung für den Ablauf all unserer Zyklen im Leben ist und wie wohltuend die kleinen Rituale des täglichen Lebens sind.

Nun hat das Samenkorn seinen Ruheplatz im Schoß der Erde gefunden. Es ruht im Erdreich und enthält bereits alle Informationen für einen neuen Zyklus. In unserer Stunde sind wir jetzt in der Wandlungsphase *Wasser* angekommen – damit klingt die Stunde aus. Da Wasser uns die Fähigkeit des Entspannens und Regenerierens schenkt, stehen hier die Ruhe und Stille im Vordergrund: in Ruhe dem anderen zuhören können; in Ruhe abwarten, bis man selbst an der Reihe ist; sich selbst die Ruhe gönnen, die wir für uns brauchen.

Bevor wir jedoch mit der Planung einer Stunde beginnen, ist es hilfreich, zuerst in sich selbst die Fünf Wandlungsphasen zum Fließen anzuregen. Jede der einzelnen Wandlungsphasen ist Ausdruck bestimmter Qualitäten (im Folgenden kursiv dargestellt), die uns bei unserer Arbeit ihre Unterstützung anbieten. Folgende Fragenliste gibt uns die Möglichkeit, mit diesen uns innewohnenden Kräften in Kontakt zu kommen.

Wasser
- Wie fühle ich mich in neuen unerwarteten Situationen?
- Wieviel *Mut* und *Sicherheit* habe ich, neue Situationen anzunehmen und auszuprobieren?

Holz
- Fällt es mir leicht, *Ideen* und *Vorschläge* für meine Arbeit zu entwickeln?
- Kann ich bei meiner Arbeit spontan *klare Entscheidungen* treffen?

Feuer
- Bin ich mit dem *Herzen* bei der Arbeit?

Erde
- Erfahre ich *Unterstützung* in meiner Arbeit?

Metall
- Spüre ich bei meiner Arbeit, dass alle Beteiligten *Respekt* und *Achtsamkeit* mitbringen und spüren dies auch die anderen?

Für die Planung des Stundenablaufes nutzen wir ebenfalls die Qualitäten aller Fünf Wandlungsphasen.

Holz
Stellen Sie sich die Gruppe vor Ihrem inneren Auge vor.

Welches Material bietet der Gruppe so viel Anregung, damit sie begeistert alle Stationen der Stunde durchlaufen? Mit diesem Material oder Thema entwickeln Sie dann Ideen und Vorschläge für die einzelnen Übungen einer jeden Wandlungsphase.

Feuer

Die Gruppe und Sie bilden ein gemeinsames Team, das die Angebote mit Leben erfüllt. Dadurch werden die Vorschläge auf die Bedürfnisse der Gruppe abgestimmt. Es entsteht ein Gefühl der Gemeinschaft und des Miteinanders.

Erde

Sie haben jetzt den gemeinsamen Raum geschaffen, in dem Veränderungen und Wandlungen möglich werden. Jetzt ist es wichtig zu spüren, wer noch der Unterstützung bedarf.

Metall

Indem Sie den Ablauf der Stunde strukturieren und den Raum begrenzen, in dem die Spiele und Übungen stattfinden, schaffen Sie auch den Raum für Respekt, Achtsamkeit und Toleranz. Sehr schön beschreibt das ein japanischer Trommler:

»Es ist wie bei der Musik; schlage ich die Trommel auf weitem Feld, unter freiem Himmel, verwehen die Klänge ins Unendliche. Das hört sich nicht schlecht an, ist aber nicht genug. Erst in einem Raum, wo Mauern dem Ton Grenzen setzen, ihn aufhalten, brechen, zurückwerfen, ihm Echo und Hall geben, erst in dieser Begrenzung ist es der Trommel möglich, ihren Klang voll zu entfalten, so dass wir sie in ihrer ganzen Fülle und Kraft erleben. Alles was Gestalt annehmen will, braucht Begrenzung.« (Federica Decesco: »Silbermuschel«. Goldmann Verlag, München 1996, S. 366)

Wasser

Das Zuhören und Hinhören macht den Energiefluss möglich, im Wissen darum, dass jeder in der Gruppe das Notwendige bekommt, um seine eigene Balance wieder zu finden.

Zusammenfassende Kurzübersicht

Holz: Wie entwickle ich die Idee für ein bestimmtes Thema oder ein bestimmtes Material, das sich durch die Stunde zieht?

Feuer: Wie schaffe ich eine Atmosphäre der Partnerschaft und des Gruppengefühles und wie stelle ich die verbale und nonverbale Kommunikation zwischen allen Teilnehmenden her?

Erde: Wie kann ich Unterstützung anbieten und die Balance von Geben und Nehmen möglich machen?

Metall: Wie gebe ich dem Ganzen eine Struktur, eine äußere Ordnung und einen Rhythmus?

Wasser: Wie schenke ich den Prozessen »Gehör«, um einen ständigen Fluss zu gewährleisten?

Die Einsatzmöglichkeiten der Prinzipien, die den *Spiel-Räumen* zugrunde liegen, sind sehr vielseitig. Bisher wurden von uns Erfahrungen im Bereich von Mutter-(Vater-) Kind-Gruppen gesammelt und erprobt: im Rahmen von Kindergärten und Grundschulen sowie von Kinder- und Jugend-Gruppen verschiedenster Altersstufen.

Für Erwachsene haben wir im Rahmen der Rückenschule deren bisherige Form durch eine Bewegungs- und Haltungsschulung auf der Basis der Fünf Wandlungsphasen ersetzt. Wir setzen sie auch bei Erwachsenen ein, die psychosomatische Störungen in diesem Bereich haben. Nachfolgend möchten wir Ihnen Stundenbeispiele von einzelnen Gruppen vorstellen und weitere Einsatzmöglichkeiten des *Spiel-Räume-Konzepts* beschreiben.

»Die fünf Häschen«: Eine Geschichte für den Kindergarten

Als Auftakt, wie man die Wandlungsphasen in den Kindergartenalltag integrieren kann, wollen wir Ihnen eine Geschichte erzählen, die bei der Durchführung eines Projektes eingesetzt wurde. Dies ist die Geschichte von den fünf Häschen.

Kennt ihr schon die Geschichte von dem kleinen Hasen und seinen vier Geschwistern, die alle genauso aussahen wie er, zwei lange Ohren haben, weich und warm, und eine kleine Stummelnase, die sich immer bewegte? Trotz dieser Ähnlichkeiten waren die fünf Häschen ganz verschieden.

Holz
Also, unser erstes Häschen war eigentlich eine »Sie« und hieß »Junger Morgen«, weil sie an einem sanften Frühlingsmorgen das allererste Mal ihre Augen geöffnet hatte. Diese kleine Häsin liebte es, sehr früh, gleich nach dem Aufwachen mit einem Satz aus dem Nest zu springen. Und noch während sie sich reckte und streckte, hatte sie eine Idee in ihrem Kopf, was sie heute alles erleben wollte.

Mit viel Geschicklichkeit übte sie ein paar Sprünge vor dem Höhleneingang ihres Baus, bevor sie sich auf den Weg machte. Sie hatte ein fernes Ziel vor Augen, einen Bauernhof in den Wiesen, nicht weit vom Waldrand entfernt. Manch interessante Dinge gab es am Weg zu entdecken und lustig und guter Dinge verfolgte sie auch alles mit den Augen, während ihre Beine sie auf direktem Weg näher und näher an den Rand des Waldes und an die Grenze der Gegend, die sie kannte und in der sie sich sicher fühlte, trugen. Hier war ihr Reich, hier hatte sie springen und hüpfen gelernt, hier behielt sie den Überblick, damit sie nicht von Feinden, wie zum Beispiel einer Eule, überrascht werden konnte. Doch nun wollte sie mehr sehen und erleben und sie stellte sich die wundersamsten Dinge vor, die sie vielleicht dort auf dem Hof entdecken würde.

Voller Tatendrang kam sie aus dem Wald und sah den Hof unten liegen zwischen grünen Wiesen und seltsam schmalen Holzstämmen, die mit anderen Holzstämmen verbunden waren. Nun begann der aufregende Teil ihres Abenteuers, denn die Wiesen zu überqueren war nicht ungefährlich. Es gab keine Büsche und Bäume, die ihr Schutz und Deckung bieten konnten. Ein bisschen klopfte ihr kleines Herz schon, als sie geschickt einen umgefallenen Baumstamm als Deckung benutzte, und doch verfolgte sie zielstrebig ihren Weg hinunter. Ein Blick in den Himmel zeigte ihr, dass kein Raubvogel in der Nähe war, und nun ging auch das Hüpfen leichter, denn dieser Teil der Wiese war abgemäht und das duftende Heu in großen Hügeln aufgestellt. Hügel um Hügel kam sie den kurzen Baumstämmen näher, die miteinander verbunden waren und um die herum viele braune und schwarze Tiere standen.

Mit großen Augen verfolgte »Junger Morgen« die Bewegungen dieser Tiere. Sie hatten vier Beine, schlank und hoch und einen Kopf, an dem ebenso wie an ihrem Schwanz lange Haare wuchsen. Die Kleineren von ihnen sprangen weit und lustig in die Höhe.

»Junger Morgen« schaute ihnen zu und wollte sofort mithüpfen und springen. Eines dieser Tiere kam näher, sie beschnupperten sich und »Junger Morgen« fasste Mut und hüpfte mitten unter die Tiere, die ihr nicht gefährlich erschienen. Umgeben von den Kleineren von ihnen zeigte auch sie ihre Sprünge, schlug mit den Hinterbeinen und die anderen machten es ihr nach. Sie lernte, sich mit allen Beinen gleichzeitig vom Boden abzustoßen und verbrachte so gemeinsam mit ihren neuen Freunden eine ganze Zeit.

Da spitzten die Tiere ihre Ohren und auch »Junger Morgen« hörte Schritte und Stimmen, die näher kamen. »Das sind Menschen«, sagten ihre neuen Freunde, »sie bringen uns Futter und kommen, um nach uns zu sehen.«

»Dann lass ich euch jetzt allein«, verabschiedete sich »Junger Morgen«. »Ich komme zurück – hier gibt es sicher noch viel zu erleben. Bis bald!« Mit geschickten Sprüngen machte sie sich auf den Weg in Richtung Waldrand, ihrer gewohnten Umgebung entgegen, glücklich über ihr Erlebnis und behielt doch schon wieder aufmerksam den Himmel und ihren Weg im Auge.

Feuer

Nun lasst uns sehen, wie es den anderen Geschwistern an diesem Tag erging. »Kleiner Mittag« hieß das zweite Hasenkind, weil es die Mittagsstunde und die Sonne zu dieser Zeit am meisten liebte. Er kroch aus seiner Höhle und rief den anderen zu: »Kommt doch mit, seht einmal, wie schön die Sonne scheint, lasst uns laufen und sehen, wer als Erster an dem großen Blütenbaum ankommt!«

Doch die anderen waren noch mit sich selbst beschäftigt und niemand wollte auf seinen Vorschlag eingehen. So lief »Kleiner Mittag« alleine los, um sich nach Spielkameraden für seinen Wettlauf umzusehen und erzählte sich lachend, was er unterwegs so alles sah. »Schau – ein Schmetterling – und die schönen Blumen – da krabbelt ein Käfer!«

Bei einer wunderschönen roten Blume traf er eine kleine Biene, die eifrig dabei war, Nektar zu sammeln. »Bitte hilf mir!« sagte »Kleiner Mittag«. »Flieg über die Waldwiese und erzähle allen Tieren, dass wir heute einen großen Wettlauf veranstalten werden! Es wird ganz bestimmt herrlich aufregend und spannend sein, zu erleben, wer unser Waldsieger wird, und alle, die auf dem Boden laufen und es sich zutrauen und friedlich sind, dürfen mitmachen. Das wird ein Riesenspaß für alle. Treffpunkt ist in einer Stunde, hier bei der roten Blume. Bitte sag es allen weiter!«

Die Biene tat ihm den Gefallen und so verbreitete sich die Nachricht wie ein Lauffeuer durch den Wald.

Eine Stunde später musste die rote Blume um ihre schönen Blumenblätter bangen, so viele Tiere standen dicht gedrängt um sie herum. Käfer, Eichhörnchen, Mäuse, Hasen, ein kleiner Fuchs, zwei Schnecken und sogar eine Ringelnatter waren gekommen und wollten mitlaufen. Von überall her kamen noch Tiere, die selbst nicht mitlaufen wollten, aber gerne als Zuschauer auch ihren Spaß haben wollten.

»Kleiner Mittag« sang begeistert: »Wir machen einen Wettlauf! Wir machen einen Wettlauf!«

Schließlich bestimmten die Tiere die beiden Schnecken dazu, Schiedsrichter zu sein, da es für sie doch keine Möglichkeit geben konnte, ganz vorne dabei zu sein und ihr Wunsch, am Wettlauf teilzunehmen, von allen geachtet wurde. Sie waren zuerst ein bisschen traurig, nicht mitlaufen zu können, ließen sich jedoch von »Kleiner Mittag« überzeugen, dass Schiedsrichter zu sein, eine wichtige Rolle ist. Auch die Fröhlichkeit der anderen wirkte so ansteckend, dass sie sich schließlich dazu bereit erklärten und wieder lachen konnten.

Eine sollte das Zeichen zum Start geben und die zweite wurde von »Kleiner Mittag« auf den Ast der Buche gesetzt – sie war das Ziel. Nun stellten sich alle in einer langen Reihe nebeneinander auf. Die Schnecke gab das Startzeichen, indem sie ein großes Blatt in die Luft schwang und alle sausten los. »Kleiner Mittag« war bald einer der vorderen Läufer, doch hatte er nicht damit gerechnet, dass die Eichhörnchen so flink laufen würden. Er war schon ganz außer Atem, als er merkte, dass auch der kleine Fuchs immer näher kam. »Kleiner Mittag« wusste sich dem Ziel schon ganz nahe und hörte, wie die Zuschauer ihn anfeuerten, indem sie seinen Namen riefen. Da konnte er den Baum als Ziel erkennen und mit einem letzten großen Satz war er der Erste am Ziel.

Ganz abgekämpft, schwitzend und außer Atem, jedoch überglücklich vor Freude wurde er von den anderen umringt. Dass sie nicht Sieger geworden waren, stimmte die anderen nicht traurig, denn es hatte so viel Spaß gemacht, einfach nur dabei zu sein und die eigene Kraft und Schnelligkeit zu zeigen.

Die Zuschauer bejubelten jetzt alle, die mitgelaufen waren, und der kleine Fuchs kam zu »Kleiner Mittag«, schüttelte ihm die Pfote und meinte anerkennend: »Du bist der Beste, aber lass mich größer werden und dann werden wir es wieder versuchen und wieder Spaß haben!«

Erde

Der dritte kleine Hase war ganz ungewöhnlich. Er verschlief so manches Mal das Aufstehen, und wenn die anderen schon frischen Klee zu Mittag fraßen, war dies sein Frühstück.

Waren die anderen am Abend müde, war er noch munter und dachte über seine Tagesabenteuer nach. Ein anderes Mal war es genau umgekehrt und weil er bei allem seinen eigenen Rhythmus hatte, bekam er den Namen »Mittendrin«.

Wenn zwei Hasen sich stritten, war er der Vermittler. Hatte ein Häschen schon vor der Mittagszeit Hunger, half er Gräser suchen, um die Zeit zu überbrücken. War ein Häschen vor Schlafenszeit müde, las er Geschichten vor oder sang leise Lieder bis zum Schlafengehen.

Heute war »Mittendrin« aufgestanden, als die Sonne schon »nach Mittag« zeigte, er streckte sich, streckte vor allem seine langen Hinterbeine und schüttelte sie dabei ein bisschen. Es fiel ihm ein kleines Lied ein und er summte es vor sich hin. Da bemerkte er, dass nur noch zwei seiner Geschwister vor der Höhle saßen und spielten und er vermisste »Junger Morgen« und »Kleiner Mittag«. Er machte sich Sorgen, wo sie wohl stecken konnten. Die anderen sagten: »Die kommen schon wieder«, doch »Mittendrin« dachte, er würde einen Spaziergang machen und sehen, ob er sie nicht irgendwo finden würde.

Die Sonne schien warm auf seine kleine Nase und die Gräser, die er unterwegs fraß, waren frisch und doch ganz warm in seinem Mund. Er lief zum Waldsee, um ein bisschen Wasser zu trinken und sich am feuchten Waldboden etwas zu erfrischen. Die Vögel sangen laut, und ab und zu war der gurrende Laut einer Wildtaube zu hören. Der Wald war friedlich, und so wusste er, dass es hier in der Nähe keine Gefahr gab und »Junger Morgen« und »Kleiner Mittag« auch nicht in Gefahr waren.

Er freute sich an den Waldbeeren, die schon reif genug zum Fressen waren und süß und saftig schmeckten. Noch beim Pflücken und mit dem Fressen beschäftigt hörte er in der Ferne leises, aber doch anhaltendes Donnergrollen und ahnte, dass es bald ein Gewitter geben würde. Schon überlegte er voll Sorge, ob seine Geschwister wohl schon zu Hause waren und wo er das Gewitter abwarten sollte, da fielen die ersten Regentropfen. Nach Hause wollte er nicht laufen, er wollte einen anderen Ort finden, an dem er es sich gemütlich machen konnte.

»Mittendrin« erinnerte sich an einen alten Baum ganz in der Nähe, der mit seinem losen Wurzelwerk wie geschaffen für einen Unterschlupf war. Er fand den Baum und begann zu graben, knabberte ab und zu an den süßen Wurzeln und wusste, dies war ein guter Ort für ihn. Der anhaltende Donner kam näher und aus graublauen Wolken, die das Sonnenlicht verdeckten, fielen immer größere Tropfen.

Seine Mutter hatte ihm oft gesagt, dass es gut wäre, bei Gewitter heimzukommen, doch sie wusste auch, dass »Mittendrin« seinen eigenen Kopf hatte, der ihn selten das tun ließ, was die anderen taten. Bald hatte er sich eine kleine kuschelige Höhle geschaffen und es war auch höchste Zeit, denn nun platschte der Regen mächtig auf den Waldboden.

Zuerst saß »Mittendrin« noch ganz allein in seiner Höhle, aber nach und nach füllte sie sich mit lauter kleinen Tieren, die hier bei ihm in der Nähe seines warmen, weichen Felles Schutz suchten. Zwei gelbe Käfer, eine Maus, ein grünbrauner Springbock und dann kam noch ein kleiner Igel. Die anderen wollten ihn zwar nicht so gerne dabei haben, doch »Mittendrin« erlaubte es auch ihm und schließlich saßen sie ganz nah und zutraulich beieinander, der Igel dicht am Mund des kleinen Hasen.

Erfrischt durch den Regen hatte sich die schwülwarme Luft draußen langsam abgekühlt und »Mittendrin« dachte, dass er sich bald auf den Weg machen sollte, um nachzusehen, ob »Junger Morgen« und »Kleiner Mittag« wohlbehalten zu Hause angekommen waren.

Metall

Denkt euch nur, der vierte der kleinen Hasen war ganz weiß und wisst ihr, wie er hieß? Er hieß »Schnüffel«, weil für ihn nichts wichtiger war, als überall und an allem zu schnüffeln. Nun ist dies für einen Hasen nichts Außergewöhnliches, sie schnuppern ohnehin immerzu, doch bei »Schnüffel« war es besonders ausgeprägt. Er schnupperte, um das beste Gräslein zu finden, er beschnupperte alle Tiere und für ihn war Schnuppern das beste Mittel, um festzustellen, wie nah er sich an etwas anderes heranwagen konnte. Zu schnuppern war auch seine Art »Hallo, hier bin ich« zu sagen und »Ich sage dir guten Tag.«

Er war überhaupt in so manchem anders als seine Geschwister. Er war meistens still und nachdenklich, wirkte oft ein bisschen traurig und die anderen wussten, dass sie sich ihm vorsichtig nähern mussten, wenn sie etwas von ihm wollten.

Schnüffel hatte tagsüber vor der Höhle mit seinen glänzenden Federn gespielt, die er im Herbst gesammelt hatte. Er liebte es, sie anzupusten, damit sie ganz hochflogen, und ihnen zuzusehen, wie sie langsam zur Erde schwebten. Ganz in dieses Tun versunken verging die Zeit und er ging an diesem Tag erst spät auf die Wiese hinaus.

»Schnüffel« wollte gern dabei sein, wie die Sonne langsam unterging und es kühler wurde. Er liebte es, den letzten Strahlen der Sonne zuzuschauen, diesen Strahlen, die die Schatten der Bäume immer länger werden ließen und die in langen, geraden Strichen über die Waldwiese liefen. Es gefiel ihm so gut, dass er sich einfach ins Gras legte.

Da spürte er, dass etwas ganz Ungewöhnliches in seiner Nähe war. Er schnupperte, doch er konnte kein ihm bekanntes Wesen ausmachen. Da sah Schnüffel auf der Wiese, ein Stück von sich entfernt, ein kleines weißes Wesen mit einem Kleid, leicht wie ein Spinnennetz, das ganz sanft im Licht der untergehenden Sonne tanzte. Es lief einen großen Kreis, dann mal nach vorne und dann das gleiche Stück zurück. Ein Stück nach rechts und wieder nach links und alles in so leichten Schritten, als würde es schweben. »Schnüffel« wagte kaum noch zu atmen, geschweige denn sich zu bewegen, aus Angst, er könnte das Wesen verjagen. Am liebsten hätte er es beschnuppert, doch er fühlte ganz deutlich, dass er sich ihm nicht weiter nähern durfte und dass das Einzige, was dieses kleine Wesen zulassen würde, war, dass er hier saß und zuschauen durfte. Dann, als die Sonne ganz hinter dem Wald zu verschwinden begann, bewegte es sich immer weniger und bald stand es ganz still. Es verschwand ebenso schnell, wie es gekommen war.

Schnüffel saß noch eine ganze Weile da, schnupperte ein bisschen und merkte, dass ihm eine kleine Träne über seine Wange lief. Dann erhob er sich aus dem Gras und dachte: »Ich werde wieder hierher kommen und irgendwann werde ich es kennen lernen und mit ihm tanzen oder ihm zeigen, wie gut ich mit den Federn spielen kann.«

Wasser

Als alle kleinen Hasen am Abend in die Höhle zurückgekehrt waren und von ihren Erlebnissen berichten wollten, da bemerkten sie, dass »Kleine Stille«, so hieß das fünfte Hasenkind, noch einmal nach draußen geschlüpft war. Ohne »Kleine Stille« hatte keiner der anderen Lust zu erzählen, denn sie konnte so wunderbar zuhören, dass jeder dabei das Gefühl hatte, ganz wichtig zu sein.

»Kleine Stille« war ein schwarzes, stilles kleines Häschen, das immer ein bisschen ängstlich und oft in Gedanken versunken irgendwo saß. Es war nicht laut und mutig und doch fühlten die anderen sich stärker, wenn es bei ihnen war. Es konnte wunderschöne Geschichten von singenden Bären und tanzenden Blumen erzählen. »Kleine Stille« liebte die Nacht. Im Augenblick saß es draußen auf der Wiese in der Nähe eines großen Baumes und lauschte in die Dunkelheit hinein. Nach Sonnenuntergang war es ganz tüchtig kalt und »Kleine Stille« musste ihr Fell aufstellen, damit sie nicht fror. Sie dachte, dass nach dem Sommer mit den warmen Tagen, dem Herbst mit den grauen Nebeln auch der Winter mit Eis und Schnee wiederkommen würde. Sie mochte den Winter sehr. Wenn dann draußen alles hart und fest gefroren war und sie sich mit ihren Geschwistern in die Höhle einkuscheln konnte, um ihnen zuzuhören, während sie von ihren Abenteuern des Sommers erzählten. Sie würde sie sich gut anhören und behalten und sie würde dabei lernen, wie sie sich in gefährlichen Situationen verhalten müsste, ohne sie alle selbst erleben zu müssen.

Die Geräusche der Nacht waren ganz andere als die des Tages und »Kleine Stille« wusste, dass sie selbst ruhig sein musste, um die Nacht hören zu können. So saß sie da und lauschte und hatte ein bisschen Angst vor dem, was einem so alles passieren konnte: Die Eule könnte sie entdecken, eine Schlange oder der Fuchs auf seinem Streifgang, und wenn sie daran dachte, stöhnte sie leise vor sich hin. Da raschelte es plötzlich auf dem Ast über ihr und »Kleine Stille« fuhr der Schreck in alle Glieder. Sie erkannte am Schatten, dass es ein großer Uhu war, der sich direkt auf den Baum über sie gesetzt hatte. Erst zitterten die

Schnurrhaare, dann fing das ganze Häschen an zu zittern. So einen großen Uhu hatte sie schon lange nicht mehr gesehen und trotz der Furcht musste sie ihn auch ein bisschen bewundern. Der Uhu hatte wunderschöne Augen und sehr beeindruckende Federbüschel an den Ohren.

»Kleine Stille« wusste, sie wäre nicht schnell genug, um ihm zu entkommen. Ihre Angst war eigentlich ihre Stärke, dadurch konnte sie nämlich unbewegt im Gras sitzen bleiben. Nach einer kleinen Weile erhob sich der Uhu in die Luft und glitt lautlos über die Wiese davon. Er streckte seine Krallen nach vorne und setzte sich am Waldrand auf den Boden.

»Kleine Stille« war außer Gefahr. Sie wusste, der Uhu hatte dort am Waldrand ein Tier erbeutet. Sie dachte daran, dass das Leben im Wald immer so gewesen war und immer so sein würde. Jedes Tier brauchte etwas zu fressen und musste sich hüten, um nicht von einem anderen gefressen zu werden.

Nun lief sie schnell nach Hause und wollte hören, was die anderen von ihrem Tag zu erzählen wussten. Vielleicht würde auch »Kleine Stille« vom Rascheln im Baum erzählen ...

Die Geschichte wurde 16 Kindern im Alter von sechs bis sieben Jahren in einem Kindergarten erzählt. Die Kindergartenleiterin und die Kinder hatten keinerlei Vorkenntnisse über die Wandlungsphasen: Alle Kinder sitzen in einem neutralen Raum auf dem Boden und wissen, dass ihnen jetzt eine Geschichte vorgelesen wird. Erzählen wird die Leiterin, die alle Kinder mehr oder weniger gut kennt. Hierbei ist auffällig, dass die Kinder während des Lesens jeder einzelnen Episode immer das gleiche, aufeinander folgende Verhalten zeigen: Zuerst sind sie ruhig und erwartungsvoll, dann lebhaft (zum Teil auch durch die Episoden provoziert), dann werden sie wieder stiller und konzentrieren sich neu, gegen Ende einer jeden Episode werden sie dann wieder ruhiger. Ruhiger in dem Sinne, dass sie nach außen hin nicht aktiv werden.

Dieselben Verhaltensmuster zeigen sich nicht nur während des Lesens der einzelnen Abschnitte, sondern sie lassen sich auch während des Gesamtverlaufes beobachten:

Zu Beginn der Holz-Geschichte erwartungsvolles Zuhören. Dann aber wird immer mehr der Holz-Aspekt spürbar – die Kinder werden unruhiger und lebhafter, es gibt Zurufe und Kommentare. Bei der Feuer-Geschichte werden die unruhigeren Kinder noch feuriger, die Konzentration schwankt sehr. Die aufmerksameren Kinder nehmen durch Zwischenrufe am Geschehen starken Anteil. Am Ende der Feuer-Episode überlegt die Leiterin, ob für eine Pause unterbrochen werden muss, liest dann aber doch die Erd-Geschichte weiter. Schon bald sammeln sich die Kinder – auch die unruhigen – wieder. Ruhe im Sinne von In-sich-Ruhen wird spürbar. Alle sind am Ende der Erd-Geschichte mit großer Aufmerksamkeit dabei. Der Metall-Teil packt die meisten auf seltsame Weise, sie bewegen sich leicht hin und her, schaukeln leicht vor und zurück oder legen sich auf den Boden, aber alle hören aufmerksam zu, sind ganz konzentriert und gesammelt. Die Wasser-Geschichte verfolgen alle mit Ruhe und in Stille. Mit dem Ende der Wasser-Geschichte schließt sich auch der Zyklus. Jetzt zeigt sich allmählich das Bedürfnis, sich zu bewegen oder das Gehörte auszudrücken. Alle zeigen große Bereitschaft zu malen und fast alle können klar äußern, welchen Teil der Geschichte sie malen wollen. Die Kinder erhalten große Blätter und Buntstifte oder Wachsmalkreide.

Sehr spannend ist es zu erleben, wie die Kinder allein durch das Zuhören die Qualitäten der einzelnen Wandlungsphasen spüren und miterleben, ohne vorher je etwas davon gehört zu haben.

Holz: Die Kräfte werden frei und äußern sich durch Unruhe. Die Zurufe und Kommentare spiegeln die Bilder wider, die in den Köpfen der Kinder entstehen. Zur Unterstützung dieser »Holz-Kräfte« wäre hier auch möglich, dem Bewegungsdrang nachzugeben und die Kinder die Geschichte in Form von Bewegungen, z.B. Hasenhopsen u.ä., miterleben zu lassen.

Feuer: Es wird feuriger im Raum. Die Kinder nehmen voll am Geschehen teil. Durch die Zwischenrufe treten sie untereinander und mit der Geschichte in Kommunikation.

Erde: Die Qualität, sich sammeln und sich konzentrieren zu können, kommt zum Tragen. Die Fähigkeit, mitzufühlen und das Gehörte zu begreifen und damit auch zu verarbeiten, wird durch die Wandlungsphase Erde angeregt.

Metall: Es werden Schlüsse aus den aufgenommenen Informationen gezogen: Was ist für mich von Bedeutung? Das Herstellen einer inneren Ordnung spiegelt sich auf der körperlichen Ebene durch die kleinen sich wiederholenden Bewegungen wider.

Wasser: Nach all dem Erlebten kommt jetzt die Ruhe, das Loslassen, das spürbare Ausklingen der inneren Bewegungen zur Geltung.

»Die Reise zu kindlichen Stärken« – Eine Projektwoche im Kindergarten

Ein Projekt für Kinder im Alter von drei bis sechs Jahren

Nach Eintreffen aller Kinder kommt es zu dem morgendlich wiederkehrenden Ritual, dem gemeinsamen Morgenkreis: Alle Kinder sitzen am Boden auf flachen Kissen und sprechen gemeinsam: »Guten Morgen, neuer Tag.«

Grobstruktur des Tages

A: Ritual und Einstimmung in den Tag
B: Aktion
C: Gemeinsames Essen
D: Konzentration
E: Ruhe im Ritual

Montag: Wandlungsphase Holz

- Ritual des Morgens

- A: Die Kinder stehen auf und gähnen, dehnen und recken sich ganz ausgiebig (Arme zum Himmel und in die Waagrechte). Sie erfahren erwachend ihren Raum.
  Sie hüpfen und springen durch den Raum und achten dabei auf den Nächsten. In Zweiergruppen, Rücken an Rücken und mit den Händen nach oben fassen sie sich gegenseitig an. Ein Kind beugt sich langsam nach vorne, so dass das andere über dessen Rücken gedehnt wird, anschließend Wechsel der Rollen.

- B: Die Kinder setzen sich wieder und der bevorstehende Tag wird besprochen: Wir wollen heute eine Erkundungsreise durch das Dorf unternehmen, um die höchsten oder ältesten Bäume zu entdecken. Die Tour wird von den Kindern mitgeplant und die Erkundungsreise dann durchgeführt.

● C: Wir essen gemeinsam lauter »Grünes«: grüne Äpfel und Birnen, Gurken, Schnittlauchquark usw.

● D: Wir pflanzen eigene kleine »Bäume« mit Kresse (z.B. auf Watte).

● E: Wir sitzen wieder auf unseren Kissen und hören gemeinsam die Geschichte »Guten Morgen, alter Baum.« Diese Geschichte handelt von der starken Berührung eines kleinen Kindes mit dem Leben, dem Tod und der erneuten Geburt eines Baumes. (Masao Tsurumi/Mamoru Suziki: »Guten Morgen, alter Baum«. J&V Verlag, Wien/München, 3. Aufl. 1990)

● Abschlussritual: Wir schließen alle sitzend mit den Worten: »Gut zu Ende ging der Tag, gemeinsam morgen mehr!«

Dienstag: Wandlungsphase Feuer

● Ritual des Morgens

● A: Aus der Hocke springen alle auf und klatschen mehrmals in die Hände. Die Kinder trampeln und stampfen durch den Raum, gehen dabei aber achtsam mit den anderen um.
Die Kinder hängen sich zu zweit rechts ein und kreiseln gemeinsam, dann hängen sie sich links ein und kreiseln.

● B: Wir lernen einen Tanz zu feuriger Musik.

● C: Gemeinsames Grillen im Garten.

● D: Die Kinder schneiden sich rote Krepppapierbänder zurecht, wir formen einen Kreis und alle schauen nach außen.
Wir lassen die Bänder fallen, behalten den Anfang in der Hand und bewegen sie vorsichtig vor unseren Füßen. Dann drehen die Kinder ihr Gesicht in den Kreis und unsere Bänder schwingen fest und immer stärker gemeinsam in der Mitte.

● E: Wir sitzen auf unseren Kissen und trommeln (frei oder nach vorgegebenem Rhythmus) auf Trommeln, Bongos, Tambourins oder auf den Boden.

● Abschlussritual

Mittwoch: Wandlungsphase Erde

- Ritual des Morgens

- A: Jedes Kind stellt sich einmal in die Mitte und macht etwas vor (irgendeine kurze Bewegung), alle anderen machen es nach.

- B: Wir gehen in den Wald und bauen uns eine Höhle (bei schlechtem Wetter drinnen aus Stühlen und Decken).

- C: Jeder hat etwas selbst besorgt und für ein gemeinsames Frühstück mitgebracht.

- D: Wir gestalten aus Ton einen Platz (wir stellen z.B. eine Erdhöhle dar), an dem es gemütlich und kuschelig ist, oder einfach einen, der uns gefällt. Eine kleine Figur nimmt an unserer Stelle darin Platz. Als Hintergrund kann die Geschichte »Die Kinder in der Erde« dienen. (Gudrun Pausewang/Annegert Fuchshuber: »Die Kinder in der Erde. Ein Märchen«. Ravensburger Buchverlag, Ravensburg, 8. Aufl. 1993)

- E: Wir kuscheln uns aneinander, wiegen und summen. In Zweiergruppen reibt ein Kind dem Anderen achtsam den Bauch.

- Abschlussritual

Donnerstag: Wandlungsphase Metall

- Ritual des Morgens

- A: Wir spielen »Himmel und Hölle«. Zwei große Kinder stellen sich einander gegenüber und fassen sich an den Händen, die anderen bilden eine Schlange. Nun darf jedes Kind zwischen diesen beiden Kindern und zwischen Himmel und Hölle wählen.
  Himmel: Das Kind setzt sich auf die Arme der zwei großen Kinder und wird mehrmals hochgehoben.
  Hölle: Die zwei großen Kinder schwingen das Kind in ihren Armen hin und her und schubsen es dann feste (aber vorsichtig!) aus ihrer Mitte.

- B: Jedes Kind bekommt ein kleines Wollknäuel und spannt den laufenden Faden von Wand zu Wand, von Stuhl zu Stuhl, über den Boden oder Bänke. Am Ende legen sich alle Kinder dort auf den Boden, wo ihr Faden beginnt und schauen zu den Fäden hoch.

- C: Wir legen gemeinsam mit den mitgebrachten Sachen in Form eines Mandalas ein kleines kaltes Mosaik-Buffet, das wir im Anschluss daran zusammen verspeisen.

- D: Immer zwei Kinder erhalten gemeinsam ein Blatt und pusten mit Tusche und Strohhalm ihren gemeinsamen Weg.

- E: Die Kinder stehen im Kreis. Nun gibt ein Kind einem anderen die Hand (ohne sich an eine bestimmte Reihenfolge zu halten), dieses wiederum nimmt die Hand eines weiteren Kindes, bis das letzte Kind dann seine freie Hand der freien Hand des ersten Kindes gibt. Nun versuchen alle gemeinsam die Verwirrung zu lösen, ohne die Hände loszulassen.

- Abschlussritual

Freitag: Wandlungsphase Wasser

- Ritual des Morgens

- A: Wir sitzen im Kreis und stellen durch die Bewegung Wellen dar: Ein Kind beginnt damit, ein Bein zu heben, gleich darauf hebt das zweite Kind ebenfalls ein Bein, dann das dritte und so fort. So setzt sich die Bewegung im Kreis fort und bevor alle Kinder ihr Bein gehoben haben, senkt das erste Kind sein Bein, dann das zweite usw., so dass sich auch diese Bewegung weiter fortsetzt. Anschließend wird die »Bewegungswelle« mit den Armen, dem Oberkörper oder dem Kopf erzeugt.

- B: Wir basteln aus großen Blättern und verschiedenen Materialien (Kronkorken, Nudeln, Erbsen, Watte, Styropor, Streichhölzern usw.) eine große »Fühlewand«, indem wir je ein Blatt mit jeweils einer Materialart bekleben. Wenn alle Blätter trocken sind, hängen wir sie an die Wand.

- C: Wir essen, was wir auch in Form von Getränken zu uns nehmen können (beispielsweise Früchte wie z.B. Bananen und Bananenmilch oder Fenchel und Fencheltee).

- D: Die Kinder malen ein ihnen wichtiges Ereignis aus dieser Woche. Anschließend fassen wir das Ganze in einem Wandlungsphasenbuch zusammen.

- E: Die Kinder sitzen auf ihren Kissen und »streichen« sich gegenseitig den Rücken »aus«. Dann nehmen wir einen Igelball und igeln uns wechselseitig die Füße.

- Abschlussritual: »Gut zu Ende ging der Tag, ein andermal gibt's mehr.«

Diese Woche gibt jedem Kind die Möglichkeit, seine Persönlichkeit zu zeigen, vielleicht einmal mehr, einmal weniger. Die Erwachsenen, die die Kinder begleiten, werden sicher oft überrascht sein, welches Verhalten die Kinder aufweisen. Sie erleben mit Staunen Neues, oft sogar Unerwartetes. Gerade Kinder, von denen sie es vermutlich nicht erwartet hätten, bringen in solchen Situationen ihre ganz persönlichen Fähigkeiten ein – insbesondere dann, wenn ihnen der *Spiel-Raum* geboten wird.

»Mama und ich« – Ein Mutter-Kind-Projekt

Das folgende Beispiel gibt eine Stunde wieder, die wir im Rahmen eines zehnwöchigen Grundschulprojekts in einer Mutter-Kind-Gruppe durchgeführt haben. Die Treffen fanden einmal wöchentlich (à 75 Minuten) statt. Anwesend waren zehn Mütter mit ihrem Kind und zwei *Spiel-Raum*-Leiterinnen. Die Kinder besuchten entweder die erste oder die zweite Klasse. Dieses Projekt fand auf freiwilliger Basis im Anschluss an den Unterricht statt.

Für die Stunde wurde benötigt:
1 großer, leerer Raum (Klassenzimmergröße), 1 Schwungtuch, 1 Zauberschnur und Igelbälle.
Alle Teilnehmer sollten bequem gekleidet sein und rutschfeste Socken oder Gymnastikschuhe tragen.

Aktivierungsphase

Begonnen wird mit einer Klopfmassage über Arme, Beine, Bauch und Rücken, es folgen anschließend Meridiandehnungen.

Wirkung: Anregung des Energieflusses – Stoffwechselaktivierung – Kontaktaufnahme

Holzphase

Mütter und Kinder laufen dynamisch durch den Raum, während sie kräftig ihre Arme schlenkern. Dann stellen sie sich im Kreis auf und bewegen nacheinander alle Körperteile: Begonnen wird mit dem Kopf, es folgen Schultern, Arme, Oberkörper, Hüften und zum Schluss Beine und Füße.

Wirkung: Bewegungsplanung – Orientierung im Raum – Bewegungsausdruck – Koordination

Feuerphase

Jetzt laufen alle durch den Raum. Ein Schwungtuch wird im Raum ausgebreitet und zwei Kinder finden sich zu einem Paar zusammen. Kind A begibt sich unter das Schwungtuch, während sich Kind B auf dem Schwungtuch befindet. Die restliche Gruppe verteilt sich um das Schwungtuch herum und hält es fest. Die Gruppe schlägt mit dem Tuch Wellen, während Kind B versucht, das unter dem Tuch sich befindende Kind A zu fangen. Anschließend wird gewechselt.

Jetzt hält die ganze Gruppe das Tuch fest und schwingt es gemeinsam auf und ab. Auf ein Kommando lassen alle das Tuch los.

Wirkung: Kontakt – Austausch – miteinander lachen – Spaß haben – »gemeinsam sind wir stark«

Erdphase

Im Bärengang gehen alle durch den Raum. Alle sollen spüren, wie die Erde sie trägt.

Jeder sucht sich einen Partner: Partner A wird von B in verschiedene Positionen »gebogen«. Dann kommt A ganz langsam aktiv wieder zu seiner Mitte zurück. Danach Rollenwechsel.

Anschließend stehen sich beide Partner gegenüber, jeder auf einem Bein. Beide halten sich an den Händen fest und versuchen, sich gegenseitig aus dem Gleichgewicht zu bringen.

Wirkung: Standpunkt – Mitte – Festigkeit

Metallphase

Mütter und Kinder gehen durch den Raum. Sie sind in Kontakt mit ihrer Atmung und spüren die Bewegung des Brustkorbs.

Eine Zauberschnur wird kreisförmig hingelegt und der Kreis während der Übung immer kleiner. Alle Teilnehmer befinden sich innerhalb des Kreises. Verschiedene Bewegungsarten werden vorgeschlagen, z.B. Bärengang, in der Hocke gehen, mit den Armen eine Acht beschreiben usw. Alle Bewegungen werden in diesem immer kleiner werdenden Kreis durchgeführt.

Wirkung: Soziale Kompetenz – Eigenwahrnehmung – Respekt vor den eigenen Grenzen und denen des Mitmenschen – Akzeptanz – Toleranz

Wasserphase

Die Gruppe bewegt sich durch den Raum, die Zauberschnur wird weggenommen. Jetzt wird der Raum wieder ganz groß. Igelbälle werden in den Raum gerollt, ruhige Musik wird zur Entspannung eingespielt.

Paarweise findet man sich zusammen, wobei sich der eine auf den Bauch legt und von dem anderen mit dem Igelball am Nacken, an den Schultern, dem Rücken und den Beinen massiert wird.

Wirkung: Mut, sich auf Neues einzulassen – Bereitschaft, Situationen anzunehmen – mit der eigenen Tiefe in Kontakt kommen – entspannen

Zu Beginn dieses Projekts malten die Kinder Bilder mit dem von uns vorgegebenen Thema »Meine Mama und ich«. Diese Bilder dienten uns zur Unterstützung bei der Beurteilung ihrer persönlichen Situation auf der Grundlage der Fünf Wandlungsphasen.

Davon möchten wir Ihnen vier Bilder, die Sie auf der S. 38 f. (Bilder 6-9) finden, vorstellen. (Leider wurden nach Ablauf des Projektes keine weiteren Bilder mehr gemalt.) Was bei allen Bildern auffällt, ist die Ausgestaltung der Körperform wie beispielsweise

● das Fehlen der Füße, Arme oder Hände
● die Arme und Beine, die nur als Knospen vorhanden sind
● trotz des vorgegebenen Themas das Fehlen der Mama.

Bild 6

Arme und Beine sind auf diesem Bild nur als Knospen angelegt. Mutter und Kind befinden sich im Haus.

Während der Übungsstunden waren bei diesem Kind die Probleme mit seiner Körperwahrnehmung und Koordination besonders auffällig. Man hatte den Eindruck, dass seine Extremitäten einfach am Körper hängen, so als hätten sie keine besondere Funktion.

Bild 7

»ich und Mama« – auf dem Bild ist aber keine Mama zu sehen (auch während des Projektes war diese Mutter oft nicht anwesend). Weiterhin sehen wir deutlich ausgestaltete Hände, aber keine Füße. Der mütterliche Aspekt und auch der Standpunkt, den uns die Füße vermitteln, werden der Wandlungsphase Erde zugeordnet.

Diesen Mangel an Erde brachte der Junge während der Stunden deutlich zum Ausdruck, ständig bewegte er sich durch den Raum, ohne ein Plätzchen zu finden, an dem er sich niederlassen konnte. Seinen Platz im Rahmen der Gruppe konnte er nur finden, wenn er von einer der Leiterinnen fest in den Arm genommen und am Boden sitzend dort gehalten wurde. Von diesem geschützten Standpunkt aus konnte er das Geschehene beobachten und innerlich daran teilnehmen. Der ganze Körper wurde dann weich und anschmiegsam. Dieser »große kräftige Junge«, der er sonst war, holte sich so die Kraft der Wandlungsphase Erde.

Bild 8

Hier ruht der Kopf auf einem langen Hals und ist so in der Lage, die Übersicht zu behalten. Die Figuren stehen mit kräftigen Beinen auf festem Grund. Es fehlen Arme und Hände, die ein Handeln ermöglichen.

Dieser Junge zeigte während des Projektes eine große Begeisterung für alle »geistigen« Aufgaben, besonders eine große Fähigkeit im Rechnen, die hier auf einmal in den Vordergrund trat. Ansonsten hat er sich sehr im Hintergrund gehalten und hatte große Schwierigkeiten, aktiv das Geschehen zu beeinflussen. Die Arme und Hände einzusetzen war ihm sehr fremd.

Bild 9

Diesem Kind fehlt noch eine genauere Körpervorstellung, auch die Raumwahrnehmung ist nicht gut ausgebildet (wie man an dem Verhältnis zwischen dem erwachsenen Menschen und dem Tisch ersehen kann).

Während des Projektes hat sich bei diesem Kind eine besondere Ausprägung der Wandlungsphase Holz gezeigt, die einerseits sehr überschießend war (Ag-

gression und Wutanfälle) und auf der anderen Seite in Bezug auf die Körperwahrnehmung nicht genügend ausgeprägt war.

Der Projektleiter kann mithilfe von Bildern, die die Kinder zu Beginn und
am Ende eines Projektes malen, deutliche Signale über die kindlichen Veränderungen im Laufe des Prozesses ermitteln. Wie wir gesehen haben, machen
solche Bilder beispielsweise Aussagen über deren eigene Körperwahrnehmung,
sie zeigen deren Verhältnis zu den Mitspielern auf oder geben Aufschluss über
die Art des Umgangs mit dem jeweiligen Thema.

Die tragende Kraft der Erde –
Einzelarbeit mit Florian

Als Florian uns vorgestellt wurde, besuchte er seit kurzer Zeit die 1. Klasse. Bereits zu dieser Zeit war die Lehrerin verzweifelt und wollte, dass Florian die Schule verlässt, da er im Unterricht permanent störte. Stillsitzen war für ihn ein Fremdwort. Ständig raste er von einer Aktivität zur anderen, auf alles richtete sich seine Aufmerksamkeit, nur nicht auf den Unterricht. Aufgrund seines störenden Verhaltens wurde der geregelte Unterrichtsablauf für die restliche Klasse erheblich erschwert. Sein aggressives Gebaren – bei dem geringsten Anlass schlug und boxte er gleich um sich – ließ seine Mitschüler auf Distanz gehen, und er hatte keine Freunde in der Klasse.

Bei uns nahmen wir ihn zunächst in eine aus fünf Kindern bestehende Gruppe auf. Die drei Mädchen und zwei Jungen waren alle gleichen Alters. Seinen Einstand in der Gruppe feierte er, indem er sie – wie er sich ausdrückte – erst einmal »gründlich aufmischte«. Betrat Florian den Gruppenraum, ging mit Sicherheit irgendetwas kaputt, sei es ein Heizungsthermostat, der Korkfußboden oder die Wanduhr. Diese Gegenstände hatten viele Kindergruppen überstanden, aber Florian schaffte es innerhalb kürzester Zeit, ihnen den Garaus zu machen.

Durch seine überschießende und grobe Art der Kontaktaufnahme schreckte er die anderen Kinder zunächst ab. Florians Art und Erscheinung rief bei fast allen, mit denen er zu tun hatte, Antipathie und Ablehnung hervor. Sein lautes und dominantes Verhalten erschall ebenso wie seine markigen Schimpfwörter im ganzen Haus und jeder wusste: Florian ist da!

Beschäftigten sich die Kinder mit einer gemeinsamen Aufgabe, z.B. wenn sie etwas bauen wollten, schlug sich Florians blühende Phantasie in Beschreibungen irgendwelcher Horrorszenen nieder, die blutrünstig und sehr gewalttätig waren. Gingen die anderen nicht darauf ein, dann beschimpfte er sie und störte deren Spielidee so lange, bis nichts mehr ging. Immer musste er die Führungsrolle übernehmen und alles besser, schneller und höher können. Kam ihm jemand zu nahe, wurde er sofort aggressiv und schlug und boxte um sich.

Mehrere Versuche, mit der Mutter ins Gespräch zu kommen, scheiterten. Zu den Elternabenden kam sie nie und persönliche Gesprächstermine ließ sie platzen. Florian kam regelmäßig zu spät zur Stunde (er wurde regelmäßig zu spät zur Stunde gebracht), so dass wir die Mutter auch da nicht zu Gesicht bekamen. Nur einmal konnten wir mit ihr sprechen. Da stellte sich heraus, dass Florian zu Hause, wann immer er wollte, sämtliche Horrorfilme und Videos ansehen konnte, weil er dann für einige Zeit beschäftigt war und seiner Mutter nicht zur Last fiel. Nach diesem Gespräch war uns klar, dass wir von dieser Seite keine große Unterstützung erwarten durften.

Der Durchbruch für uns kam, als wir eines Tages in der Gruppe mit dem großen Schaukeltuch gearbeitet hatten. Alle Kinder saßen in diesem riesigen Tuch, das wie eine überdimensionale Hängematte aussieht, und schaukelten. Florians Bewegungen wurden immer wilder und das Tuch schwang bis fast an die Decke. Als alle Kinder mit Gejauchze die Schaukelbewegungen begleiteten, begann sich Florian jedes Mal, wenn das Tuch fast die Decke erreichte, mit dem Oberkörper über den Tuchrand zu hängen und tat so, als wolle er springen. Uns blieb fast die Luft weg! Eines der Mädchen aus der Gruppe versuchte schließlich, Florian festzuhalten und bat ihn ganz ängstlich: »Bitte, mach das nicht! Ich habe Angst um dich!«

Auf einmal war Florian wie erstarrt, kletterte aus dem Tuch und setzte sich still in eine Ecke. Sein Gesicht war ganz weich und er murmelte vor sich hin: »Sie hat Angst um mich – es gibt jemanden, der Angst um mich hat!« Tränen standen in seinen Augen.

In diesem Moment war die Wandlungsphase Erde so präsent im Raum, dass uns klar war, wie wir weiter mit Florian zu arbeiten hatten. Wir nahmen daraufhin Florian zunächst aus der Gruppe heraus, um ihm in Einzelbehandlungen die ganze Aufmerksamkeit der Wandlungsphase Erde anbieten zu können.

Für uns als Spiel-Raum-Begleiter war zunächst von grundlegender Bedeutung, unsere eigene Kraft der Erde präsent und spürbar zu machen und uns von jeglichem Gefühl der Antipathie und Zurückweisung aufgrund vorheriger Erfahrungen zu lösen (was gar nicht so einfach war!). Wir versuchten ihm, die Wandlungsphase Erde in Form eines geschützten »Raumes« anzubieten, in dem er so sein durfte, wie er war, und der ihm auch Grenzen setzte. Grenzen, die ihm halfen, den Raum auch wirklich nutzen zu können. Jede Stunde brauchte deswegen viel Struktur und klar überschaubare Abläufe und Zyklen. Große

Aufrichtigkeit und Respekt für das Kind waren von Seiten der Begleiterin nötig, um Florian die Möglichkeit zu geben, Vertrauen zu fassen.

Wir haben auch darauf geachtet, dass alle begonnenen Zyklen zu Ende gebracht wurden und dass jede Aktion zum Abschluss kam, bevor etwas Neues begann. Der Moment des Innehaltens, eine besondere Qualität der Erde, war für ihn zunehmend besser auszuhalten, bevor er etwas Neues in Angriff nahm.

Ganz vorsichtig schufen wir dann eine Atmosphäre der Fürsorge in der Stunde: das umhüllende, tragende Element der Erde. Kuscheln oder körperliche Nähe wies er zwar als »großer Junge« weit von sich, dennoch wurde dieses Bedürfnis, je mehr seine Erde sich meldete, umso deutlicher. Daher boten wir ihm zunächst unseren großen Sitzsack an und wickelten ihn mit kräftigem Druck darin ein. Oder wir ließen ihn in eine dicke Wolldecke klettern, die, oben zusammengefasst, an einem Seil befestigt von der Decke herabhing. Um darin Platz zu finden, musste er sich ganz zusammenkauern. In ihr war es sehr warm und dunkel. Wir mussten ihn mit ganz kleinen, sanften Bewegungen schaukeln. Nach einer Stunde tauchte er dann völlig verschwitzt, aber ganz still und in sich gekehrt, wieder auf.

Dann fing Florian an, kleine Geschenke für die Begleiterin mit in die Stunde zu bringen: einen Keks, ein Osterei oder eine Blume. In der nächsten Stunde haben wir dann mit Ton gearbeitet. Zuerst haben wir so richtig mit Hand- und Fußabdrücken gematscht. Dann sind wir immer mehr zur runden Form übergegangen. Es entstanden Kugeln in allen Variationen, und Florian genoss sehr das Gefühl des Glatten, des Runden. Aus einer besonders schönen Kugel machte er einen Kerzenständer, den er dann zusammen mit einer Kerze als Geschenk für seine Mutter mitnahm.

Eine andere Stunde hatte den Schwerpunkt *Rhythmus* (der Rhythmus der Erde). Wir haben mit großen, afrikanischen Congas getrommelt und den Rhythmus zunächst mit unseren Füßen, dann mit dem ganzen Körper übernommen.

Das Schwerpunktthema einer weiteren Stunde befasste sich mit der Mitte, dem Gleichgewicht, der Standfestigkeit. Hier standen spielerische Gleichgewichtsübungen im Mittelpunkt: z.B. mit dem Pezzi-Ball oder der Ein-Bein-Stand mit gegenseitigem Umschubsen. Hierher gehörten Balancierübungen der unterschiedlichsten Art oder Dinge wie: sich hinsetzen und dabei seinen Bauch spüren, während der andere Quatsch oder überraschende Geräusche um einen herum macht. Bei alledem darf man nicht das Gesicht verziehen, während man weiterhin seinen Bauch spürt.

Obwohl wir in jeder Stunde immer einen Aspekt durch Angebote aus der Wandlungsphase Erde betonten, war es am wichtigsten, dass die Begleiterin selbst die Wandlungsphase Erde durch ihr Verhalten präsent machte. Diese innere Einstellung drücken wir im Folgenden, nur zu uns selbst gesprochenen Sätzen aus:

»Egal, was du machst, du bist mir wert, umsorgt zu werden.«

»Ich mag dich mit all deinen Ecken und Kanten.«

»Du bekommst von mir in dieser Stunde bedingungslose Unterstützung.«

»Ich habe großen Respekt vor deinen Bemühungen und deinem Ringen, die Balance zu finden.«

Am Ende der einzelnen Stunden konnte in der Folge dann auch mehr und mehr die Wandlungsphase Wasser zur Wirkung kommen, sei es durch eine Entspannungsgeschichte, sei es, dass Florian ganz eingerollt im Sitzsack ein Musikstück hörte oder er eine kleine Fußmassage erhielt. Auch war er jetzt in der Lage, anderen zuzuhören, andere Standpunkte zu akzeptieren und die seinen mit Argumenten zu vertreten. Er konnte es auch aushalten, abzuwarten, bis er an die Reihe kam. Bald wird Florian bereit sein, in die Gruppe zurückzukehren und dort seine neu erworbenen Fähigkeiten und Handlungsmuster ausprobieren können.

Natürlich wäre es wünschenswert, wenn wir die Eltern für die Mitarbeit gewinnen könnten. Denn viele der oben beschriebenen Angebote lassen sich auch in den häuslichen Bereich integrieren und tragen dort zur Unterstützung – in diesem Falle der Wandlungsphase Erde – für alle bei.

Die Fünf Wandlungsphasen im Sportunterricht der Klasse 7f (Gesamtschule)

Das folgende Projekt haben wir in der 7. Klasse einer Gesamtschule mit 21 Schülern im Alter von zwölf bzw. dreizehn Jahren durchgeführt. Es lief über sechs Monate, und es wurden jeweils zwei Sportstunden pro Woche dafür zur Verfügung gestellt. Folgende Ziele wurden mit diesem Projekt verfolgt:

- Verbesserung der Konzentrationsfähigkeit
- Gegenseitiges Zuhören lernen
- Mehr Respekt und Achtsamkeit im Umgang miteinander ausüben. Hierher gehörte auch das Ziel, die Mädchen aus ihrer Rolle als Schlichterinnen und Vermittlerinnen zu befreien. Eine Rolle, in die sie aufgrund des aggressiven Verhaltens auf Seiten der Jungen schlüpften.
- Suche nach anderen Lösungsstrategien bei aggressiven Auseinandersetzungen
- Verbesserung der körperlichen Haltungs- und Bewegungsmuster

Für die Stunde, die wir Ihnen exemplarisch vorstellen möchten, wurden benötigt: 1 großer, leerer Raum, je 1 Pezziball für jeden Schüler, 3 Gymnastikbälle, 1 großes Schwungtuch.

Aktivierungsphase

Die Gruppe steht im Kreis und jeder führt einzeln an sich die Klopfmassage durch. Danach drehen sich alle dergestalt im Kreis, dass jeder den Rücken von demjenigen, der vor ihm steht, abklopfen kann. Als Gruppe führen wir dann noch Meridiandehnungen, besonders für den Flankenbereich, durch.

Holz

Für jeden wird ein Pezziball in den Raum gerollt. Alle probieren jetzt aus, was sich damit machen lässt. Dann versucht die Gruppe, durch den Raum zu krabbeln; begegnet jemandem ein Ball oder ein Mensch, kann er über oder unter ihm durchkrabbeln.

Danach sucht sich jeder einen Pezziball, legt sich in Bauchlage auf ihn und versucht abwechselnd oder gleichzeitig Hände und Füße vom Boden zu heben. Wer sich nach einer Weile sicher genug fühlt, kann versuchen, sich ohne Hilfe der Arme von der Bauchlage in die Rückenlage zu drehen und dann wieder zurück in die Ausgangslage.

Feuer

Die Gruppe sitzt im Kreis auf den Pezzibällen, fasst sich gegenseitig an den Armen an und rollt gemeinsam auf den Bällen so weit vor und zurück wie möglich.

Dann lassen alle die Arme sinken und jeder lässt sich in Bauchlage auf den Ball gleiten, so dass alle in die Kreismitte schauen. Jetzt wird zuerst ein Gymnastikball in den Kreis gerollt, dann folgen weitere (bis maximal fünf Bälle). Die Gruppe spielt jetzt in Bauchlage mit Armen vom Boden weg »Rollball«, d.h. der Ball wird hin- und hergerollt und darf den Kreis nicht verlassen.

Erde

Alle suchen sich mit ihrem Pezziball einen angenehmen Platz im Raum und setzen sich auf den Ball. Dabei sollte jeder versuchen, so lange wie möglich das Gleichgewicht zu halten, wenn die Füße vom Boden abheben.

Jetzt suchen sich alle einen Partner. Einer sitzt auf dem Ball und ist bestrebt, das Gleichgewicht zu halten. Sein Partner zieht und schubst am Ball und versucht, ihn aus dem Gleichgewicht zu bringen.

Metall

Es bilden sich immer drei Kleingruppen. Jeweils eine dieser Kleingruppen verlässt den Raum. Die andere Gruppe bildet eine Figur und stellt sich als eine Art »Denkmal« auf. Die zweite Gruppe breitet das große Schwungtuch über dieses »Denkmal« aus und stellt sich daneben. Jetzt betritt die dritte Kleingruppe wieder den Raum mit verbundenen Augen und muss fühlen, wie das »Denkmal« unter dem Tuch steht, sitzt oder liegt und dieses »Denkmal« mit der zweiten Gruppe nachbauen. Wenn sie fertig sind, entfernen sie Augenbinden und Tuch und vergleichen die »Denkmäler«.

Wasser

Die Hälfte der Gruppe legt sich bequem auf den Bauch. Die anderen nehmen sich jeweils einen Pezziball und suchen sich einen liegenden Partner. Jetzt wird der Ball sanft von den Füßen bis zum Kopf über den Partner gerollt. Verschiedene Druckstärken werden ausprobiert und eventuell beim Partner nachgefragt, was er am liebsten mag.

Probleme mit dem Bewegungsapparat?
Ein Projekt mit Erwachsenen

Mit dem folgenden Beispiel wollen wir eine Stunde beschreiben, die wir im Rahmen eines Projektes durchgeführt haben, das von uns für eine Erwachsenen-Gruppe erarbeitet worden war.

Die Gruppe setzte sich aus 12 Teilnehmern und einer Kursleiterin zusammen. Alle Teilnehmenden kamen zu unserer Gruppe, weil sie Probleme mit dem Bewegungsapparat hatten.

Aktivierungsphase

Die Teilnehmer stehen im Kreis hintereinander und klopfen ihrem Vordermann oder ihrer Vorderfrau die gesamte Rückseite von oben nach unten ab. Danach fassen sie die Taille des Partners und setzen sich alle gemeinsam hintereinander mit gespreizten Beinen hin. Die Gruppe lehnt sich nun gemeinsam nach vorne und nach hinten, dehnt sich zur Seite in Richtung Kreismitte und nach außen. Dann versuchen sie, als Gruppe gemeinsam aufzustehen.

Holz

Alle stehen im Kreis und schauen zur Kreismitte, während zur Begleitung eine sehr rhythmische Musik läuft. Nach und nach beginnt die Gruppe, alle Körperteile in einen Tanz einzubringen. Anfangs darf nur der Kopf bewegt werden, sonst kein Körperteil. Dann kommen die Schultern hinzu, dann die Ellenbogen, danach die Hände und dann der gesamte Oberkörper ohne die Hüfte. Als Nächstes dürfen die Hüfte, dann die Knie und zum Schluss die Füße mitbewegt werden. Jetzt kann sich jeder so frei bewegen, wie er möchte.

Langsam kommt die Gruppe dann wieder zur Ruhe, und jeder sucht sich einen Partner. Beide laufen hintereinander durch den Raum, wobei der hintere Partner die Bewegungen des vorderen nachahmt und versucht, dabei den eigenen Empfindungen nachzuspüren. Dann wird gewechselt. Nach der Übung tauschen sich die Partner über ihre Erfahrungen kurz aus. Zum Abschluss laufen alle nochmals dynamisch, mit kräftigen Armbewegungen, durch den Raum.

Feuer

Es finden sich zwei Partner, die einander gegenüber stehen und einen Pezziball zwischen sich haben. Sie versuchen, den Ball zwischen sich ohne Einsatz der Hände nach oben zu befördern. Sie laufen als Paar durch den Raum, ohne den Ball zu verlieren, zwischendurch die Richtung wechselnd. Dann versuchen sich beide gleichzeitig zu drehen und bleiben Rücken an Rücken mit dem Ball zwischen sich stehen. Jetzt treffen sich zwei Paare und versuchen, die Bälle zu tauschen.

Jeweils zwei Partner sitzen Rücken an Rücken auf einem Ball, die Gruppe bildet einen Kreis. Die Hälfte der Gruppe schaut ins Kreisinnere, die andere Hälfte nach außen. Zuerst begrüßen sich die Rücken, dann rollen beide gleichzeitig etwas vor und zurück, mal in kleinerer, mal in größerer Bewegung. Die Gruppe versucht nun, im gleichen Rhythmus auf den Bällen zu wippen, eventuell mit stimmlicher Unterstützung. Während der äußere Kreis weiter wippt, wechselt der innere Kreis auf Kommando einen Ball nach rechts weiter und versucht gleich wieder, den Rhythmus zu finden. Mehrmals wiederholen.

Erde

Einer der beiden Partner sucht sich einen guten Stand, der andere biegt ihn achtsam in verschiedene Haltungen, ohne dass die Füße ihren Standort verlieren. Der stehende Partner kommt langsam in die Ausgangsstellung zurück. Mehrmals wiederholen.

Beide Partner stehen sich auf einem Bein gegenüber, Handflächen an Handflächen mit gestreckten Armen, und versuchen, sich aus dem Gleichgewicht zu bringen.

Metall

Alle Teilnehmer laufen durch den Raum und versuchen, beim Laufen ihre Atmung wahrzunehmen und die Bewegung des Brustkorbs zu spüren. Während des Einatmens machen sich jetzt alle ganz groß, während des Ausatmens im Weitergehen ganz klein.

Nun sucht sich jeder wieder einen Partner. Während der eine mit geschlossenen Augen dasteht und versucht zu spüren, wie und wo er steht und wie sich die Umgebung anfühlt, geht der andere langsam auf den stehenden Partner bis zu dem Punkt zu, an dem er meint, dass sein Gegenüber diese Distanz gewahrt haben möchte. Dort bleibt er stehen. Der andere versucht zu spüren, in welchem Abstand sein Partner stehen geblieben ist. Wenn er ein Gefühl dafür hat, kann er die Augen öffnen und vergleichen. Nach dem Rollenwechsel tauschen sie sich über ihre Erfahrungen in Hinsicht des gewählten und gewünschten Abstands aus.

Wasser

Im Hintergrund läuft sanfte, entspannende Musik. Einer der beiden Partner kniet sich vor einem Pezziball nieder und legt seinen Oberkörper auf den Ball. Der andere stellt sich hinter ihn und schaukelt ihn ganz sanft mit dem Ball hin und her. Danach führt er mit großflächigen Streichungen und Dehnungen eine Rückenmassage durch, anschließend wird gewechselt.

Elternschaft und *Spiel-Räume*

Wenn wir im Folgenden über Elternschaft und die Fünf Wandlungsphasen sprechen, müssen wir uns zunächst vergegenwärtigen, dass es sich hier um einen Prozess handelt, der sich auf zwei unterschiedliche Weisen zeigt. Zum einen drücken sich die Wandlungsphasen unserer Kinder in ihrem Verhalten aus, in ihren Reaktionen und ihrer physiologischen Entwicklung. Zum anderen drücken sie sich in der Atmosphäre aus, die wir als Erwachsene in der häuslichen Umgebung und draußen in der Welt schaffen.

Um sich effektive Möglichkeiten zur Beobachtung und zum Gebrauch der Fünf Wandlungsphasen anzueignen, bedarf es der Offenheit hinsichtlich der Selbstbetrachtung und der ehrlichen Betrachtung unserer Kinder. Nur dadurch öffnen sich uns neue Perspektiven, und nur dadurch haben wir die Möglichkeit, Probleme und vermeintlich unbequeme Verhaltensweisen unserer Kinder als energetische Bewegungen zu verstehen. Diese doppelte Perspektive gibt uns Anhaltspunkte und Informationen über die Entwicklung der Kinder, und sie zeigt Wege auf, wie wir einen unterstützenden Beitrag zu deren Entwicklung leisten können.

Nochmals zur Erinnerung: Die Fünf Wandlungsphasen sind die unterschiedlichen Ausdrucksformen des Urrhythmus. Dieser ist in ständiger Bewegung und bedarf der Stimulation durch Bewegung, um seinen Lebensausdruck zu finden. Dieser Lebensausdruck schlägt sich in unserer Flexibilität, unserer inneren und äußeren Haltung, unseren geistigen Fähigkeiten und unserer körperlichen Gesundheit nieder. Dies alles ist wiederum das Ergebnis unserer frühkindlichen Entwicklung, unseres Lebensstils und unserer unmittelbaren Umgebung.

Bevor wir die Wandlungsphasen bei unseren Kindern beobachten, sollten wir zunächst einmal bei uns selbst beginnen. Die charakteristischen Merkmale unseres sich verändernden Körperzustandes und unserer emotionalen und geistigen Entwicklung sind der direkte Ausdruck der Fünf Wandlungsphasen. Da sie weder in uns noch in unseren Kindern starre Qualitäten darstellen, sind sie in ständiger Bewegung und zeigen sich dort, wo sich ihnen Ausdrucksmöglichkeiten bieten. Unsere sich ständig verändernde Befindlichkeit ist ein Zeichen dafür.

Nahezu jeder Erwachsene könnte eine Liste unterschiedlicher physischer und psychischer Reaktionen aufstellen, die bei ihm in Stresssituationen auftreten. Gerade in solchen Situationen lassen sich die Bewegungsmuster des Urrhythmus in seiner besonderen Ausdrucksform direkt beobachten. Diese Reaktionsmuster zeigen, wie wir mit Stress umgehen und sind Beispiele für unsere eigene begrenzte Entwicklung im Fluss des persönlichen Urrhythmus.

Wie viele von uns haben schon Eltern beobachtet, die in schwierigen Situationen geduldig mit ihren Kindern umgegangen sind. Und wir haben uns dabei gefragt, warum wir selbst nicht so sein können. Und wie oft haben wir für ein Kind Mitgefühl empfunden, dessen Vater oder Mutter aufbrausend reagierte und wir dieses Verhalten beobachten konnten oder mussten! Doch welch ein Widerspruch zu unserem eigenen Verhalten, wenn wir uns in einer ähnlichen Situation befinden. Dies sind Beispiele dafür, wie unterschiedlich die Ausdrucksformen der Fünf Wandlungsphasen sein können. Jeder von uns hat erlebt, dass wir als Eltern recht unterschiedlich reagieren können. Diese Unterschiede stehen in direktem Bezug zum momentanen Fluss in den Wandlungsphasen.

Genau wie bei unseren Kindern besitzen auch wir die Fähigkeit, auf einen bestimmten Stimulus hin den Fluss einer Wandlungsphase wieder anzuregen und auf diese Weise neue Ausdrucksmöglichkeiten innerhalb der Fünf Wandlungsphasen zu entwickeln. Mit der Fähigkeit, unseren Horizont erweitern zu können, wird auch unsere Handlungsfähigkeit immer komplexer. Wir können die Fünf Wandlungsphasen durch Übungen anregen, die Bewegung, Spiele, Berührung und auch kognitive Prozesse einschließen.

Im Gegensatz zu Kindern sind bei uns Erwachsenen die kognitiven Fähigkeiten, um geistige und emotionale Prozesse zu beobachten, weiter entwickelt. Da wir älter sind, konnten wir auch schon mehr Erfahrungen sammeln, um die Ausdrucksfähigkeiten der Wandlungsphasen auszubilden. Durch Übungen, die auf die verschiedenen Qualitäten und Charakteristika der Wandlungsphasen bezogen sind, erarbeiten wir uns den Zugang zu unserem eigenen Urrhythmus. Haben wir diesen Zugang erst gefunden, können wir auch die kindliche Entwicklung beobachten, wobei die Übungen uns dabei helfen, auf die eigentlichen Nöte der Kinder zu reagieren.

Bevor wir damit beginnen, müssen wir noch mehr über die besonderen Qualitäten wissen, die die Wandlungsphasen für uns in unserer Elternrolle bereit halten. Im Anschluss wollen wir darauf näher eingehen und Sie dazu ermuntern, jede Wandlungsphase in Ihnen und in Ihrem Kind genauer zu betrachten. Nach einer detaillierten Beschreibung jeder einzelnen Wandlungsphase finden Sie weiter unten Fragenbeispiele zu deren Ausdrucksfähigkeiten bei sich und Ihrem Kind.

Hier seien nochmals die Grundprinzipien dieser Arbeit betont, bevor Sie mit den Übungen beginnen. Denken Sie immer daran, dass der Urrhythmus eine sich in ständiger Bewegung befindliche Kraft ist. Ihre Antworten zu den Fragen werden von Tag zu Tag und von Situation zu Situation variieren. Dies bestätigt den Fluss und die Entwicklungsfähigkeit des Urrhythmus und sollte als Anregung verstanden werden, die Fragen wiederholt zu nutzen, um sich selbst neuen Möglichkeiten zu öffnen, die die Wandlungsphasen für uns bereit halten.

Von grundlegender Bedeutung ist außerdem, dass die Ausdrucksformen der Wandlungsphasen keine ein für alle Mal festgelegte Qualität in uns und den Kindern darstellen. Die Fragen sollen aufzeigen, was sich im Moment offenbart. Von daher sind die entdeckten Verhaltensmuster nicht als diagnostische Aussage zu werten. Sie sind als Einsichten zu verstehen, die den Fluss der Wandlungs-phasen auf allen Ebenen anregen sollen und können. Sind sie erst im Fluss, haben wir die Möglichkeit, unseren Verstand und unser Herz zu öffnen und die verschiedenen Situationen in unserem Leben aus einem neuen Blickwinkel betrachten zu können. Versuchen Sie, die subtilen Veränderungen zu beobachten, die sich aus dieser neuen Form der Wahrnehmung ergeben.

Die Bedeutung der Wandlungsphase *Holz* für uns als Eltern

Die Wandlungsphase Holz bietet uns auf vielen Ebenen Einsichten in die Reaktionen, Erwiderungen, Bedürfnisse und Wünsche unserer Kinder. Diese Wandlungsphase gibt uns die Kraft, die Entwicklung unserer Kinder in einer Art und Weise zu unterstützen, dass sie Raum für ihre eigene persönliche Entfaltungsmöglichkeit bekommen.

Holz gibt uns die Möglichkeit, die kindlichen Aktivitäten sowohl aus ihrer Perspektive als auch aus einer Art Vogelperspektive zu betrachten. Mit dem Holz erahnen wir kleinste Störungen, so dass wir die Kinder in schwierigen Phasen ihrer Entwicklung unterstützen und begleiten können. Die Gaben des Holzes öffnen uns für unsere eigene Handlungsweise als Eltern viele neue Türen.

Die Fragen, die die Wandlungsphase Holz betreffen, sollten wir uns aus zwei verschiedenen Blickwinkeln stellen. Zum einen dienen sie uns dazu zu beobachten, wie sich die Wandlungsphase Holz im Kind ausdrückt, zum anderen, wie sich diese Kraft in unseren Interaktionen als Eltern widerspiegelt.

Beobachtungen zur Wandlungsphase *Holz* bei meinem Kind

- Hat mein Kind eigene Wünsche und Ideen?
- Macht mein Kind Vorschläge für neue Spiele oder Ideen?
- Kann mein Kind flexibel auf bessere Vorschläge von anderen Kindern im Spiel eingehen?
- Beteiligt sich mein Kind an Gruppenspielen/Interaktionen oder hält es sich zurück?
- Ist die Koordination und die grobmotorische Fähigkeit bei meinem Kind altersgemäß entwickelt?
- Zeigt mein Kind seinen Ärger oder seine Frustration?
- Was bringt mein Kind dazu, verärgert oder frustriert zu sein?
- Wie geht mein Kind mit neuen Situationen, Aktivitäten und Spielkameraden um?
- Hat mein Kind genügend Platz, Zeit und Freiräume für körperliche Bewegung und Aktivitäten?

Beobachtungen der Wandlungsphase *Holz* in mir als Vater oder Mutter

- Wie sehe ich mich selbst als Vater oder Mutter?
- Welche Stärken und Schwächen habe ich?
- Gestehe ich meinem Kind zu, dass es Platz, Zeit und Freiraum für seine Bewegung braucht?
- Gebe ich meinem Kind Raum für Kreativität?
- Wie definiere ich den Begriff »Kreativität« für mein Kind?
- Wie flexibel bin ich, wenn mein Kind etwas auf seine Art machen möchte?
- Kann ich unterscheiden, wann Wahlmöglichkeiten für mein Kind angemessen sind und wann nicht?
- Kann ich das Verhalten meines Kindes klar sehen?
- Wie drücke ich meinem Kind gegenüber Ärger oder Frustration aus?

- Erlaube ich meinem Kind, seinen Ärger und seine Frustration mir gegenüber oder in bestimmten Situationen auszudrücken?
- Habe ich als Vater oder Mutter eine Vorstellung davon, wie mein Kind sein sollte, wie es handeln, reagieren und spielen sollte? Wenn ja, wie sieht diese Vorstellung aus?
- Welche Idealvorstellung von Eltern habe ich?
- Welche Idealvorstellung habe ich von einem Kind?
- Wie sieht mein Idealbild einer Eltern-Kindbeziehung aus?
- Welche Unterschiede gibt es bezüglich der drei letzten Fragen und der momentan existierenden Situation?

Die Bedeutung der Wandlungsphase *Feuer* für uns als Eltern

Die Wandlungsphase Feuer gibt uns die Möglichkeit, Freude und Spaß in der Eltern-Kind-Beziehung zu erfahren. Mit ihr haben wir die Fähigkeit, Wärme zu spüren und zu verbreiten. Eine Wärme, die sich erst in einer Partnerschaft zwischen unseren Kindern und uns selbst entwickeln kann. Feuer stattet uns mit der Fähigkeit aus, genügend Wärme bereit zu stellen, damit unsere Kinder in der Lage sind, Beziehungen und Verbindungen eingehen und sich öffnen zu können.

In unserem Urrhythmus ist Feuer die Phase, die Beziehungen und Kommunikation entstehen lässt. Feuer gibt uns die Fähigkeit, Situationen klar zu interpretieren und mit unseren Kindern zu kommunizieren. Hier können wir Unausgesprochenes wahrnehmen, das, wofür noch keine Worte gefunden wurden.

Feuer ist eine Quelle der Wärme in unserem Leben. Feuer lässt Leidenschaft entflammen, kann aber auch für Verständnis sorgen, wenn verhärtete Fronten zum Schmelzen gebracht werden müssen. Feuer gibt uns die Fähigkeit, in unserem Herzen für unsere Kinder bedingungslos offen zu sein. Unabhängig von dem Leid, das wir sehen oder den Erfahrungen, die wir machen, verspricht uns das Feuer, diese Wärme zu erhalten. Verbunden mit Leidenschaft, Partnerschaft und Leichtigkeit schenkt sie uns die Begeisterungsfähigkeit im Leben.

Beobachtungen zur Wandlungsphase *Feuer* bei meinem Kind

- Wie kommuniziert mein Kind mit mir?
- Kann mein Kind Begeisterung für verschiedene Aktivitäten zeigen?
- Bringt sich mein Kind in Beziehungen mit mir und anderen ein?
- Kann mein Kind sich freuen?
- Worüber lacht mein Kind?
- Kann mein Kind traurig sein?
- Worüber ist mein Kind traurig?

Beobachtungen zur Wandlungsphase *Feuer* in mir als Vater oder Mutter

- Wie kommuniziere ich mit meinem Kind?
- Wie ist meine Beziehung zu meinem Kind gestaltet?
- Habe ich ein Gefühl von Kontakt und Verbindung in der Beziehung zu meinem Kind?
- Wie drücke ich Wärme zu meinen Kindern aus?
- Reagiere ich einfühlsam auf die Bedürfnisse meines Kindes?
- Bin ich offen für die Wünsche und Ausdrucksformen meiner Kinder?
- Wie erlebe ich Freude und Lachen mit meinen Kindern und wie drücke ich es aus?
- Welche Erfahrungen geben mir die meiste Wärme im Leben als Vater oder Mutter?
- Welche Erfahrungen haben für mich die größte Bedeutung im Leben als Vater oder Mutter?
- Welche Erfahrungen machen mich traurig?
- Zeige ich meine Gefühle gegenüber meinen Kindern?
- Wie fühle ich mich, wenn mein Kind traurig ist?
- Was fühle ich, wenn mein Kind glücklich ist?
- Bin ich für alle Gefühle meiner Kinder offen?

Die Bedeutung der Wandlungsphase *Erde* für uns als Eltern

Die Erde schenkt uns die Fähigkeit, unsere Kinder bedingungslos im Leben zu unterstützen, sie zu halten und zu nähren sowohl im psychischen, emotionalen als auch im spirituellen Sinne. Das Gefühl des Angenommen-Seins ist der Boden, auf dem sie sich entwickeln und auf dem sie wachsen können. Die Wandlungsphase Erde ist die gemeinsame Basis, auf der wir mit unseren Kindern und unseren Mitmenschen im Fluss des Urrhythmus miteinander verbunden sind. Mitgefühl, Anteilnahme und Einfühlungsvermögen für die kindlichen Erfahrungen entstammen der Wandlungsphase Erde und unterstützen uns in unserer Elternrolle.

Die Erde gibt uns auch die Kraft, unsere Erfahrungen im Leben zu entschlüsseln und zu verdauen. Ist diese Kraft in Balance, sind wir in der Lage, klar und konzentriert zu denken und auf die Bedürfnisse der Kinder eindeutig reagieren zu können. Durch die Klarheit unserer Gedanken fühlen wir uns in unserer Mitte – wir verfügen über innere Ruhe und Bewusstheit. Wir können dann als Eltern einen eigenen Standpunkt beziehen und trotzdem offen für die vielfältigen Erfahrungen unseres Kindes sein. Wir bezeichnen diese Fähigkeit als »bedingungsloses Unterstützen«: Wir wissen – unabhängig von dem, was unsere Kinder tun oder was aus ihnen wird –, dass wir eine gemeinsame Basis haben, die uns sowohl als Menschen als auch als Eltern verbindet.

Ob unsere Kinder Künstler, Handwerker, Kriminelle oder Ärzte werden, die Wahl, die sie in ihrem Leben treffen, mag vielleicht nicht mit unseren eigenen Vorstellungen oder Wünschen übereinstimmen. Erde gibt uns die Kraft zuzulassen, dass unsere Kinder ihren eigenen Weg gehen können, mit ihr gestehen wir ihnen ihr eigenes Leben zu und mit ihr wissen wir, dass es eine Verbindung zu ihnen gibt.

Beobachtungen zur Wandlungsphase *Erde* bei meinem Kind

- Erscheint mir mein Kind zentriert/geerdet?
- Kann mein Kind diese Zentriertheit sowie seine Balance aufrecht erhalten?
- Bleibt mein Kind in bestimmten Lebenssituationen im Gleichgewicht, z.B. bei Meinungsverschiedenheiten?
- Lässt sich mein Kind von anderen Kindern in bestimmten Situationen zur Seite schieben?
- Ist mein Kind selbstbewusst und zentriert bei dem, was es gerne im Moment machen möchte?

Beobachtungen zur Wandlungsphase *Erde* in mir als Vater oder Mutter

- Wie unterstütze ich mein Kind als Vater oder Mutter?
- Wie unterstütze ich mich selbst in meiner Rolle als Vater oder Mutter?
- Wie beschützend gehe ich mit meinem Kind um?
- Wie zentriert fühle ich mich als Vater oder Mutter?
- Fällt es mir leicht, meine Meinungen im Leben zu vertreten und trotzdem meine Kinder in ihrer Meinung zu unterstützen?
- Was verwirrt mich am meisten am Eltern-Sein?
- Welche Situationen in meiner Elternrolle verwirren mich am meisten?
- Wie geerdet fühle ich mich in meiner Rolle als Vater oder Mutter?
- Wie zeigen sich Mitgefühl und Sympathie in meiner Rolle als Vater oder Mutter für mich?
- Unterstütze ich meine Kinder in ihrer Meinung und Position im Leben?
- Ist es mir bei Konflikten mit meinem Kind möglich, sowohl bei meiner Meinung zu bleiben als auch gleichzeitig Mitgefühl zu empfinden?
- Welcher Aspekt meiner Elternrolle ist für mich am schwierigsten zu verdauen?
- Welcher Aspekt meiner Elternrolle erscheint mir am ausgewogensten und am wichtigsten im Leben?

Die Bedeutung der Wandlungsphase *Metall* für uns als Eltern

Die Wandlungsphase Metall schenkt uns den tiefen Respekt gegenüber unseren Kindern und die Kraft, sie als Individuen anzuerkennen, die sich in einer sich permanent ändernden und vielschichtigen Umwelt entwickeln. Metall gibt uns die Fähigkeit, unser Leben und alle Lebensumstände vorurteilsfrei zu reflektieren und unsere Werte zu überprüfen. Diese inneren Wertvorstellungen sind es, die die Grundlage für die Werte bilden, die wir unseren Kindern vermitteln. Sie bilden eine innere Struktur, die unsere persönlichen Grenzen als Individuen, aber auch als Eltern, definiert. Mit ihnen entwickeln wir aber auch ein Bewusstsein für die Grenzen unserer Kinder und unseres Umfeldes. Wenn die Kinder ständig diese Grenzen testen, schenkt uns Metall auch die Fähigkeit, uns von den Werten zu trennen, die wir und die Kinder nicht mehr länger brauchen. Auf diese Weise kommt es zu einem ständigen Prozess, alte Wertvorstellungen zu betrachten und sich von ihnen zu verabschieden, damit neue entstehen können.

Das, was wir als »Disziplinieren« bezeichnen, ist ebenfalls auf die Wandlungsphase Metall zurückzuführen. Hierbei handelt es sich um einen schwierigen und vielschichtigen Begriff, da das Spektrum von »Einüben« bis »Bestrafen« reicht. Die Selbstdisziplin und die auf ihr beruhenden Verhaltensmuster nähren sich aus unserer inneren Werte-Struktur. Ist ein wahrer, tiefer Respekt füreinander da, stellt das Disziplinieren einen Lernprozess zwischen Eltern und Kindern dar. Es ist nicht mit Strafen und Kontrollieren zu verwechseln.

Aufgrund des Metalls haben wir die Möglichkeit, Kinder dahin zu führen, dass sie sichere Grenzen für sich selbst sowohl in ihrem physischen und psychischen als auch in ihrem emotionalen Ausdruck entdecken. Indem sie ein Bewusstsein für ihre eigenen Grenzen entwickeln, entfalten sie auch ein Gefühl für die Grenzen ihrer Umgebung. Kinder nutzen neue Ausdrucks- und Verhaltensformen, um sich im Zyklus der Fünf Wandlungsphasen weiter zu entwickeln. Deswegen fordern sie ihre Umgebung ständig heraus, um auf diese Weise ihr inneres Wachstum zu stimulieren und ihre Wahrnehmung zu erweitern. Die Wandlungsphase Metall gibt uns die Kraft, diesen Prozess zu respektieren und zu achten und uns und unseren Kindern persönliches Wachstum zu erlauben.

Beobachtungen zur Wandlungsphase *Metall* bei meinem Kind

- Zeigt mein Kind Selbstbewusstsein?
- Hat mein Kind ein Gespür für seine persönlichen Grenzen und die der anderen?
- Drückt mein Kind ein Verhalten aus, das Respekt anderen Kindern und den individuellen persönlichen Grenzen gegenüber ausdrückt?
- Zeigt mein Kind Toleranz gegenüber anderen Kindern und deren Grenzen?
- Fällt es meinem Kind leicht, Grenzen zu akzeptieren?
- Erkennt und respektiert mein Kind die Verschiedenheiten anderer Menschen?
- Hat mein Kind ein Bewusstsein für Größenverhältnisse (wie groß, wie klein usw.)?
- Mag mein Kind körperlichen Kontakt, mag es, wenn man es anfasst?
- Wie sensibel ist mein Kind gegenüber Berührung?
- Kuschelt es gerne?

Beobachtungen der Wandlungsphase *Metall* in mir als Vater oder Mutter

- Welche Werte vertrete ich und möchte sie an mein Kind weitergeben?
- Respektiere ich die Individualität meines Kindes?
- In welcher Form beurteile ich mein Kind?
- Wie drücke ich Respekt meinem Kind gegenüber aus?
- Respektiere und anerkenne ich die »Andersartigkeit« meines Kindes?
- Kann ich die Grenzen meines Kindes akzeptieren und tolerieren?
- Bin ich mir meiner eigenen Grenzen und Einschränkungen als Vater oder Mutter bewusst?
- Bin ich mir der persönlichen Beschränkungen/Begrenzungen meines Kindes bewusst?
- Setze ich meinem Kind Grenzen?
- Wie leicht kann ich in der Vergangenheit vorgekommene Konflikte mit meinem Kind ruhen lassen?
- Wie leicht kann ich alte Formen der Disziplinierung auflösen, wenn ich merke, dass mein Kind sich in einer neuen Phase der Interaktion mit mir befindet?
- Wie einfach fällt es mir, die Entwicklungsstadien meines Kindes anzuerkennen und zu akzeptieren?

Die Bedeutung der Wandlungsphase *Wasser* für uns als Eltern

Die Wandlungsphase Wasser macht uns offen für die innere Stille, die uns den anderen wirklich wahrnehmen lässt und mit der wir auf das hören, was er uns mitteilt, ohne dass wir dies in irgendeiner Weise werten. Wasser gibt uns die Möglichkeit, sowohl den Fluss in der Entwicklung unserer Kinder als auch den Fluss ihrer Gestaltungskräfte im Leben wahrzunehmen. Durch die Kraft des Wassers hören wir, was sich nicht direkt im Verhalten unserer Kinder ausdrückt, und wir bemerken die Pausen im Leben, in denen wir Unbewusstes erkennen und innere Einsichten bekommen. Wasser gibt uns außerdem den Mut, uns den Herausforderungen des Lebens zu stellen und neue Situationen auszuprobieren.

Die Wandlungsphase Wasser ist ein verborgener Fluss, der uns mit unseren Vorfahren verbindet, unseren Kindern und den Kindeskindern. Wasser ist die Quelle des Urrhythmus, die das Wissen unserer Vorfahren und deren Rituale von Generation zu Generation weitergibt. Die Bewegung dieser Wandlungsphase gibt uns die Möglichkeit, in Augenblicken der Angst zu entspannen und ein tiefes Vertrauen in das Leben zu haben. Diese Eigenschaft nennen wir die angeborene Weisheit des Urrhythmus.

Beobachtungen zur Wandlungsphase *Wasser* bei meinem Kind

- Kann mein Kind sich gut entspannen?
- Kann mein Kind »zur Ruhe kommen« oder ist es in permanenter Bewegung, macht Geräusche und spricht andauernd?
- Kann mein Kind zuhören?
- Gibt es Augenblicke, in denen mein Kind den Eindruck erweckt, zu reflektieren und in Kontakt mit inneren Prozessen zu kommen und es Zwiegespräche mit sich selbst führt?
- Wie geht mein Kind mit neuen Situationen um?
- Probiert mein Kind gerne Neues aus?

Beobachtungen zur Wandlungsphase *Wasser* in mir als Vater oder Mutter

- Wie leicht fällt es mir zu entspannen?
- Durchlebe ich Momente der Ruhe und Entspannung zusammen mit meinem Kind?
- Fällt es mir leicht, mich mit meinem Kind auf neue Situationen einzulassen?
- Kann ich damit umgehen, nicht genau zu wissen, welche Bedürfnisse mein Kind hat, oder nicht zu wissen, was es eigentlich möchte?
- Macht es mir Probleme, in bestimmten Situationen nicht zu wissen, wie sich mein Kind verhalten wird?
- Wie verhalte ich mich, wenn ich nicht weiß, was ich als Vater oder Mutter jetzt in diesem Moment tun soll?
- Sage ich zu meinem Kind ab und zu: »Ich weiß nicht« oder habe ich auf alles eine Antwort parat?

- Worin bestehen meine größten Ängste als Vater oder Mutter?
- Welche Situationen ängstigen mich in meiner Elternrolle?
- Wie verhalte ich mich, wenn ich ängstlich bin?
- Wie einfach ist es für mich, mit meinem Kind zusammen zu sein, wenn es Angst hat?
- Wie reagiere ich darauf, wenn mein Kind Angst hat?

Es ist wichtig, sich bei all den aufgeführten Fragen nochmals in Erinnerung zu rufen, dass sie jeweils das aufzeigen, was im Moment in jeder Phase passiert. Der Urrhythmus ist ein dreidimensionaler, spontan auftretender Bewegungsausdruck. Der Prozess der Befragung schafft die Basis dafür, dass die Energien in Fluss kommen und Stagnationen lösen können.

Deshalb kann eine Wiederholung der Fragen verschiedene Antworten je nach Entwicklungsstadium des Kindes und des Erwachsenen hervorbringen. Die Fragen können von den Eltern immer und immer wieder in schwierigen Situationen genutzt werden, um Klarheit zu bekommen – sowohl in der Beziehung zu ihrem Kind als auch in ihrer Rolle als Eltern.

Enttäuschung und Kummer in der Elternrolle

Wenn die Kinder größer werden, wächst und entwickelt sich auch der Urrhythmus. Sie finden neue Ausdrucksformen der Fünf Wandlungsphasen und probieren diese in ihrem Umfeld aus. Ganz neue Verhaltensmuster beginnen sich während dieses Prozesses auszuprägen. Dies ist oft eine schwierige Zeit für uns als Eltern, weil bisher funktionierende Erziehungsstrategien plötzlich nicht mehr greifen. Was bisher reibungslos lief und eine große Routine im Alltag darstellte, wird plötzlich zu einer riesigen Herausforderung in der Eltern-Kind-Beziehung.

Dies geschieht von der Geburt an bis hin zur Pubertät und dem Erwachsenendasein. In solchen Zeiten finden es viele Eltern schwierig, ihre Kinder zu verstehen. Hier ist es wichtig, uns daran zu erinnern, dass unser eigener geistiger und emotionaler Zustand auch im Zyklus des Urrhythmus fließt. Die Art und Weise, wie wir Situationen, Probleme und Veränderungen im Verhalten betrachten, wie wir sie verarbeiten und wie wir mit ihnen umgehen, hängt davon ab, wie wir selbst im Fluss unseres Urrhythmus sind. Also unabhängig vom

Alter unseres Kindes oder unserer Kinder oder des Berges momentaner ungelöster Probleme kann die Arbeit an uns selbst im Rahmen von *Spiel-Räume* eine Hauptrolle dabei spielen, mit welchem Ergebnis wir aus einer entsprechenden Situation hervorgehen.

Wir können die Fragen nutzen, um Bewegung und Klarheit in Situationen zu bringen, die uns Eltern als »hoffnungslos« oder festgefahren erscheinen. Dies geschieht in derselben Art und Weise, wie wir Bewegung und Spiele, die die Wandlungsphasen repräsentieren, bei den Kindern einsetzen. Folgende Fragenliste empfehlen wir, um neu auftauchende Situationen oder Konflikte in der Entwicklung unseres Kindes zu reflektieren. Um das Ergebnis dieses Prozesses zu vertiefen, empfehlen wir, dass Sie sich genug Zeit nehmen und für die Beantwortung folgender Fragen eine aktuelle oder eine vergangene Begebenheit mit Ihrem Kind auswählen.

Die Reihenfolge der Fragen ist nicht zufällig. Sie müssen in dieser Reihenfolge beantwortet werden, weil die Abfolge dem Fluss der Wandlungsphasen folgt. Mit der Beantwortung der Fragen haben wir die Möglichkeit, in uns versteckte Stagnationen in Bewegung zu bringen und den Fluss des Urrhythmus anzuregen.

Fragen für Eltern, die der eigenen Beobachtung und der des Kindes während schwieriger Entwicklungsprozesse dienen

Wasser

- Was macht Ihnen am meisten Angst in dieser Situation?
- Worin liegt Ihre größte Befürchtung, was passieren könnte?
- Verspüren Sie eine Art von Unwohlsein, das Sie sich nicht erklären können?
- Gibt es in dieser Situation sehr viele Unklarheiten?

Holz

- Beschreiben Sie so genau wie möglich, was gerade in dieser Konfliktsituation passiert. Machen Sie sich Notizen von all Ihren Beobachtungen in Bezug auf sich selbst und Ihr Kind.
- Ist dies ein neuer Konflikt oder ein alter, der aber diesmal mit neuen Reaktionen Ihres Kindes verbunden ist?
- Gibt es Unterschiede oder Übereinstimmungen in der Reaktion Ihres Kindes im Vergleich zu seiner Reaktion in früheren Konflikten?

- Reagieren Sie anders oder genauso?
- Welche Vorstellung haben Sie von dem, was Ihr Kind tun sollte, es aber nicht tut, und welche Wunschvorstellungen haben Sie in Bezug auf Ihr Kind in dieser Situation?
- Ist diese Wunschvorstellung ein realistisches Bild und dem Alter angemessen?
- Wenn diese Wunschvorstellung unrealistisch ist, können Sie ein realistisches Bild in Ihrer Vorstellung schaffen? Beschreiben Sie dieses neue Bild.
- Was ärgert oder frustriert Sie am meisten in dieser Situation?
- Wenn Sie sich vorstellen, dass Sie in dieser Situation etwas schützen, was wäre das?

Feuer
- Welche Art von Kommunikation besteht zwischen Ihnen und Ihrem Kind in dieser Situation?
- Ist in dieser Situation immer noch Wärme in dem Verhältnis zu Ihrem Kind spürbar?
- Zeigt sich in dieser Situation in irgendeiner Form Freude oder Lachen?
- Welche Gefühle zeigt Ihr Kind in dieser Situation (z.B. Trauer, Ärger, Frustration, Zerstreutheit, Verwirrtheit)?
- Wie geht es Ihnen mit dem, was Ihr Kind in dieser Situation ausdrückt?
- Wie drücken Sie Ihre Gefühle in dieser Situation Ihrem Kind gegenüber aus?
- Gibt es unausgesprochene Dinge zwischen Ihnen und Ihrem Kind in dieser Situation?

Erde
- Wie »bemuttern« Sie Ihr Kind in dieser Situation?
- Wenn eine ähnliche Situation in der Vergangenheit zwischen Ihnen und Ihrer Mutter passiert wäre, wie hätte oder hat sie reagiert?
- Welche Unterstützung braucht Ihr Kind in dieser Situation?
- Wie geerdet fühlen Sie sich in dieser Situation als Vater oder Mutter?
- Wie begleitet fühlen Sie sich als Mutter oder Vater in dieser Situation mit Ihrem Kind?
- Worüber machen Sie sich am meisten Sorgen in dieser Situation?
- Was ist für Sie am verwirrendsten in dieser Situation?

● Drückt Ihr Kind in dieser Situation irgendeine Form von Individualität aus? Verspüren Sie Mitgefühl für Ihr Kind?

Metall
● Wie bewerten Sie Ihr Kind oder sich selbst in dieser Situation?
● Akzeptieren Sie, wie Ihr Kind sich selbst in dieser Situation ausdrückt?
● Was ist für Sie schwierig zu akzeptieren?
● Was sollte Ihr Kind in dieser Situation und was sollten Sie akzeptieren?
● Welche Erwartungen haben Sie, die nicht erfüllt werden?
● Gibt es für Sie persönliche Wertvorstellungen, die in diesem Moment angegriffen oder nicht respektiert werden?
● Gibt es irgendetwas anderes in dieser Situation, wovon Sie sich lösen sollten?
● Wie wird in dieser Situation Respekt füreinander vermittelt?

Es gibt verschiedene Wege, mit dem Thema Elternschaft innerhalb der Fünf Wandlungsphasen anhand dieses Fragenkataloges zu arbeiten. Das Thema selbst kann von vielen verschiedenen Richtungen angegangen werden. Da Elternschaft immer vielschichtig definiert ist, wirken sich Familienbeziehungen, gesellschaftliche Vorstellungen und institutionelle Rahmenbedingungen (z.B. Schule) auf das momentane Problem mit aus. Außerdem kann das Alter der Kinder noch spezielleres Nachfragen erforderlich machen – ein Nachfragen, das zum einen ihrem Alter und zum anderen den Herausforderungen des jeweiligen Entwicklungsstadiums angemessen sein sollte.

Wandlungsgeschichten im Alltag

Zur Abrundung dieses Kapitel möchten wir Ihnen noch einige Beispiele vorstellen, die Ihnen zeigen sollen, welche Möglichkeiten sich finden lassen, um die Wandlungsphasen in den Familienalltag zu integrieren. Das kann mit ganz wenig Aufwand so »nebenbei« oder auch als Fest mit vielen Vorbereitungen zu jeder Jahreszeit geschehen. Lassen Sie sich von den folgenden Anregungen inspirieren, sicherlich werden Ihnen weitere Möglichkeiten einfallen. Und nun viel Spaß beim »Spielen« mit den Wandlungsphasen!

Ein Bastelnachmittag

Herbstnachmittag – draußen ist es grau in grau und die kalte, feuchte Luft kriecht durch alle Kleidungsstücke. Die Kinder kommen aus dem Kindergarten und der Schule und haben keine Lust, bei dieser Kälte draußen zu spielen. Jetzt sind Mittagessen und Hausaufgaben angesagt und dann spielen sie eine ganze Weile mal lauter, mal leiser in ihren Kinderzimmern. Da klingelt es an der Haustür und für jeden meiner Söhne steht ein Spielpartner vor der Tür. »Nee, rauskommen woll'n wir nicht, aber kommt doch mit rein!« Eine ganze Gruppe von Kindern ist nun versammelt und auch unsere kleine Tochter lässt sich nicht abweisen. Hartnäckig versucht sie, mit von der Partie zu sein.

Nach einer weiteren Stunde ist alle Luft zum richtigen Spiel heraus und wir beschließen, uns einen schönen Herbst, wenn nicht draußen, so doch drinnen an die Fenster zu zaubern. Am großen Küchentisch ist Platz, und so überlegen wir gemeinsam: »Was gehört alles zum Herbst und was wäre schön für uns?« Das Ergebnis unserer Herbstschau: Nebel, bunte Blätter, kahle Bäume, Herbstfeuer, Igel, die sich eingraben, Kastanien, Drachen, Wind. Und weiter geht es mit: »Wer von uns macht was?« »Was brauche ich dazu?« »Wie stelle ich mir das am Fenster vor?« »Wo soll was hin?« *(Holz)*

Nachdem dies geklärt ist, beginnen wir unser Material auf dem Tisch auszubreiten und alle gehen mit Feuereifer ans Werk. Jeder hat seine eigenen Idee und leistet seinem Nachbarn gewollte oder ungewollte Hilfestellung *(Feuer)*.

Von manchem Material ist nicht genügend da, doch da es unser gemeinsames Bild werden soll, darf jeder von allem haben. Nicht alle können alles gleich gut und manche Fingerfertigkeit wird durch Vorschläge anderer ergänzt. Jeder trägt seine Fähigkeiten bei und sogar unsere kleine Tochter darf Igelstacheln schneiden, wofür sich ihre Schnipsel hervorragend eignen *(Erde)*.

Die Zeit vergeht und die Fenster werden immer bunter. Wer fertig ist, kann sehen, dass das Selbstgebastelte Teil des Ganzen und doch auch für sich allein schön ist. Wir ziehen uns an und gehen nach draußen, um unser Werk zu bestaunen. Es sieht so toll aus, dass es fast überhaupt nichts mehr macht, dass nur bei uns der Himmel blau ist, die Wolke dicke Backen hat und der Drachen zwischen bunten Blättern am Fenster fliegt *(Metall)*. Jetzt sind alle ganz erschöpft, so dass das Aufräumen mir überlassen bleibt, schließlich hat sich der Besuch schon draußen verabschiedet und auch meine »Krieger« sind müde *(Wasser)*.

An einem Herbstnachmittag können die Wandlungsphasen auch folgendermaßen erlebt werden: Wir ziehen unsere dicken Jacken und Gummistiefel an, um einen Herbstspaziergang zu machen. Wir gehen das kleine Stück bis in den Wald und überlegen gemeinsam: »Woran erkennen wir, dass Herbst ist? Wie stellen wir uns unseren Herbst vor?« Die Kinder haben – wie meistens – sehr konkrete Vorstellungen von dem, was sie sich wünschen würden.

Gemeinsam machen wir uns auf die Suche, um etwas zu entdecken, das uns am Herbst gefällt. Da gibt es Bäume, die mit ihren spärlichen Kronen ganz tolle Veränderungen vollzogen haben und immer, wenn ein Baum einzeln steht, überlegen wir, welche Bilder uns bei der Betrachtung eines Baumes kommen. Der eine Baum sieht wie ein Eichhörnchen aus, der andere wie ein Monster, zwei stehen so dicht nebeneinander, als würden sie sich an den Händen halten usw. ...

Ja, dass sich im Herbst so viel verändert, gefällt uns besonders an ihm, und jedem fällt eine Veränderung ein. Die Früchte liegen auf dem Boden und der Kinderwagen wird zum Gepäckwagen und die Hosen und Jackentaschen auch. So bunt kann der Herbst sein, selbst an seinem grauesten Tag.

Wer das wohl alles frisst? Wer wohl auf die Früchte angewiesen ist? Und die Bäume, was tun sie jetzt eigentlich, wenn sie die Blätter alle abwerfen? Ja, auch so ein Baum muss sich wohl mal ausruhen.

Zu Hause angekommen schütten wir unsere Schätze alle auf ein großes Tuch und da ist außer Dreck eine ganze Menge zusammen gekommen. Jeder darf sich von jedem ein ganz besonders schönes Stück aussuchen. Nachdem wir unsere Schätze gebührend bewundert haben, pflanzen wir je ein Exemplar von Eichel, Ahorn, Buchecker und Kastanie ein und legen die Blätter in ein dickes Malbuch. Dann bringen wir unseren Besuch nach Hause und kuscheln uns daheim auf unsere Couch, denn die kühle Luft und das Laufen machen müde.

Jahreszeitentisch

Eine weitere, sehr schöne Möglichkeit, den Zyklus der Wandlungsphasen in den Familienalltag zu integrieren und ihn mitzuerleben, besteht in einem Jahreszeitentisch. Im Rahmen der Waldorfpädagogik gibt es dazu sehr schöne Bücher mit vielen Anregungen. Der Jahreszeitentisch gibt den Kindern die Möglichkeit, im Haus einen Platz zu gestalten, an dem sie den Jahreskreislauf miterleben können.

Jede Jahreszeit hat Anregungen für die Gestaltung des Jahreszeitentischs parat. Für den Jahreszeitentisch eignen sich Dinge aus der Natur, die wir auf Spaziergängen finden, oder kleine Basteleien oder auch ein einfach gestaltetes Püppchen. Das Ganze wird mit einer Wurzel, Rinde oder schön gewachsenem Holz auf farblich abgestimmten Tüchern angeordnet. So wird der Jahreszeitentisch bald zu einem Platz, vor dem die Kinder immer wieder stehen bleiben, den sie anschauen oder bei dem sie überlegen, wie sie ihn umgestalten können, um die Veränderungen in der Natur auf ein Neues zum Ausdruck zu bringen. Wichtig ist hierbei, dass der Jahreszeitentisch seinen festen Platz in der Wohnung hat und nicht immer wieder hin und her geräumt wird.

Im Folgenden möchten wir Ihnen einige Anregungen zur Gestaltung des Jahreszeitentischs geben (haben Sie jedoch erst einmal damit begonnen, kommen die Ideen ganz von selbst).

Wandlungsphase Holz
Holz-Zeit ist die Zeit des beginnenden Frühjahrs bis hin zum Frühling. An der Erdoberfläche ist zunächst noch nicht viel sichtbar; darunter, noch im Unsichtbaren, regen sich die Samen. Daher sind auch die Farben der Tücher auf unserem Jahreszeitentisch noch zart und zurückhaltend. Die ersten Schneeglöckchen zeigen sich, das erste zarte Grün wird sichtbar. Wenn jetzt der Frühling einzieht,

kommen viele Gelb und Grüntöne auf. Narzissen, Veilchen, Blüten an den Bäumen – alles noch zart und duftig. Um die Osterzeit dürfen auf dem Tisch natürlich auch Eier, Häschen und Hühner nicht fehlen.

Wandlungsphase Feuer
Nun zieht mit kräftigen Farben der Sommer ein – alles steht in Blüte. Es summt und brummt und die ersten Früchte zeigen sich. Draußen schenkt uns die Natur prächtige Sträuße für den Jahreszeitentisch.

Wandlungsphase Erde
In der Natur gelangen die Früchte zur Reifung, alles ist in Fülle vorhanden und doch werden die Farben bereits ein bisschen gedeckter. Ein Hauch des Herbstes wird spürbar. Die Zeit des Erntedankfestes naht. Auf dem Tisch herrschen jetzt mehr und mehr Ocker- und Gelbtöne sowie Braun vor. Schön machen sich kleine Zweige oder Moosstücke dazwischen.

Wandlungsphase Metall
Die Ernte wird eingebracht. Früchte, Samen, Nüsse, Kastanien, selbst gebastelte Pilze, kleine Kürbisse oder auch schön gefärbte Blätter zieren jetzt den Tisch. Hagebutten und Herbstblumen, aber auch kleine Tannenzapfen können das Bild ergänzen. Gern basteln die Kinder auch kleine Papierdrachen, die, von der Decke herabhängend, über dem Tisch schweben. Um die Martinszeit kann eine kleine ausgehöhlte Kürbislaterne Licht spenden.

Wandlungsphase Wasser
Nun hat sich die Natur ganz in sich zurückgezogen und hält Winterschlaf. Schön geformte oder bizarre Äste und Zweige, eine Wurzel, in der vielleicht ein Zwerg wohnt, interessante Steine und trockenes Laub bringen dies zum Ausdruck. Ein weißes Tuch – der Schnee – liegt über allem. Selbstverständlich lässt sich auch die Advents- und Weihnachtszeit auf dem Jahreszeitentisch mit einbringen, vielleicht, indem wir ihn mit einem blauen Tuch und goldenen Sternen, Engeln, einem Nikolaus oder einer Krippe schmücken.

Das sind nur ein paar von vielen Möglichkeiten zur Gestaltung eines Jahreszeitentischs. Kinder entwickeln dabei einen großen Ideenreichtum, diesen Familienplatz immer wieder neu zu gestalten, insbesondere, wenn sie spüren, dass sich alle daran erfreuen.

Abschließen möchten wir das Kapitel über den praktischen Einsatz der Fünf Wandlungsphasen im pädagogischen Alltag mit einer Geschichte, die uns unsere Kollegin und Shiatsu-Therapeutin Inge Schmollinger-Bornemann zur Verfügung gestellt hat.

Botschaft der Blume an ihren Samen

Es war zwar noch warm, aber in den Nächten konnte die Blume schon das Nahen des Winters spüren. Sie leuchtete noch gelb, diese Zeit aber würde rasch vorübergehen. Da erinnerte sie sich an ihre Blumenmutter, die ihr und ihren Geschwistern einst eine Botschaft mitgegeben hatte. Und an einem sonnigen, klaren Morgen sprach sie zu ihren Samen, die unter ihren Blütenblättern herangewachsen waren:

»Hört mir gut zu, denn jetzt naht eure Reife und unser Abschied. Bald müsst Ihr euch mit dem Wind oder in der Hand eines Menschen, der euch an einer geschützten Stelle aufbewahrt, auf den Weg machen. Dem Sommer und Herbst folgt nun der Winter mit Nässe, Dunkelheit, Kälte, Schnee und Eis. Vielleicht bekommt ihr Angst, dass dieser Winter nie zu Ende geht. Aber ich weiß, dass er zu Ende geht, auch wenn es lange dauert. Kuschelt euch aneinander, schlaft und träumt gute Träume in dieser Zeit!

Eines Tages werdet ihr neues Leben spüren. Die Erde ist dann feucht und erwärmt sich etwas. Zeit der Aussaat. Die neue Kraft sprengt den Samen und ihr bemerkt, wie ein Blättchen nach oben und ein Würzelchen nach unten wächst. Der Frühling ist da! Ihr könnt Sonne und Wind spüren und auch den Regen, und euer Wachstum geht immer weiter, ihr werdet groß, bekommt Knospen und viele, viele Blüten.

Ach – ich erinnere mich an den Sommer, es war wunderschön! Ich tanzte mit Sonne und Wind, wärmte mich, wiegte mich, bekam viel Besuch von Insekten und wurde von allen bewundert. Ich wuchs in der Nähe von Menschen, die mich auch bewunderten. Manchmal nahmen sie sich eine Blüte von mir mit ins Haus, um sich auch dort noch daran zu erfreuen. Auch konnte ich das eigenartige, hektische Leben dieser Menschen beobachten, die es nie lange an einem Ort aushielten.

Die Sommertage waren lang und die Nächte warm. Ich wurde liebevoll gegossen und manchmal gab es eine herrliche Regendusche. Es fehlte mir an nichts, um zu wachsen und mein Leben zu genießen. Ich wünsche euch allen, dass ihr solch einen herrlichen Sommer erleben werdet!

Wenn es dann Herbst ist, denkt an mich und gebt die Botschaft an eure Kinder weiter.«

So sprach die Blume, ehe sie vertrocknete und ihren Samen die volle Reife gab.

Sehr schön ist es, im Frühjahr diese Geschichte vorzulesen und gemeinsam mit den Kindern Samen zu säen. Dafür eignen sich Tagetes mit ihren verschiedenen Gelbtönen sehr gut. Man kann dann das Wachstum der Pflänzchen und den Lauf der Wandlungsphasen das ganze Jahr über gemeinsam beobachten. Im Herbst sammeln die Kinder die Samen ein und während sie die Samen betrachten und für die Winterlagerung vorbereiten, lässt sich die Geschichte noch einmal vorlesen.

Auf einen Blick

*Die Fünf Wandlungsphasen und ihre körperlichen,
seelischen und geistigen Entsprechungen*

In allen Naturerscheinungen, also auch im Menschen, kann man die Wirkung der gleichen Kräfte und Gesetze beobachten. Auch die Sinne, Organe und Gewebe sowie die Gefühle und geistigen Fähigkeiten kann man den Fünf Wandlungsphasen zuordnen und daran ein Entsprechungssystem ableiten. In der folgenden tabellarischen Auflistung finden Sie ausgewählte Entsprechungen, die den jeweiligen Wandlungsphasen zugeordnet sind. Sie soll Sie dabei unterstützen, eine den Wandlungsphasen entsprechende Zuordnung vornehmen zu können.

Hierbei sei nochmals darauf hingewiesen, dass unter den Fünf Wandlungsphasen keine strenge Klassifikation zu verstehen ist, dass hiermit nicht Tag oder Nacht, Schwarz oder Weiß gemeint sind. Es gibt auch den Morgen, die Mittagszeit, den Nachmittag, die Dämmerung, die Nacht und sämtliche Zwischentöne. Die »Wandlungs-Phasen« sind ständigen Wechseln und Wandlungen unterworfen, wobei jede Phase sowohl die vorangegangene als auch die noch kommende Phase mit einschließt.

Am Beispiel der Wandlungsphase *Holz* wollen wir die tabellarische Auflistung im Einzelnen erörtert

Das Holz ist fest wie eine Eiche, aber auch flexibel und biegsam wie ein Bambus. Dies entspricht im menschlichen Körper den Muskeln, Sehnen und Bändern. Deswegen werden diese *Gewebe* der Wandlungsphase Holz zugeordnet. Die *Körperflüssigkeiten*, die vom Holz regiert werden, sind die Tränen. Die vom Holz regierten *Körperöffnungen* und *Sinnesorgane* sind die Augen. Die dem Holz entsprechende *Sinnesfunktion* ist das Sehen, der ihm zugeordnete *Geschmack*, ist sauer. So können beispielsweise ständig gerötete Augen oder Sehstörungen wie auch eine besondere Vorliebe oder Abneigung gegenüber allem, was sauer schmeckt, auf eine Disharmonie im Holz hinweisen. Der *äußeren, körperlichen Ausdrucksform* entsprechen die Nägel. Ärgert sich jemand ständig oder ist jemand unfähig, seinen Ärger auszudrücken, wird diese *psychische Ausdrucksform* ebenso wie Zorn, Wut, Reizbarkeit oder Apathie vom Holz regiert. Das Holz verleiht uns die *Kraft*, die Fähigkeit zur Kontrolle und Selbstkontrolle zu entwickeln oder, bei einer Störung des Holz-Aspektes, diese Fähigkeit nicht zu besitzen bzw. den Wunsch zu haben, alle und alles kontrollieren zu wollen. Bei *Stress* verlieren wir bei einem ausgewogenen Holz-Aspekt nicht die Selbstbeherrschung und Kontrolle, bei unausgeglichenem Holz-Aspekt verlieren wir sie dagegen und explodieren sehr leicht. Der *stimmhafte Ausdruck* ist klar und deutlich, lautes Rufen gehört ebenso hierher. In seiner unausgewogenen Form nimmt unsere Stimme einen befehlenden Ton an und wir schreien, auch eine schneidende Stimme deutet auf einen gestörten Holz-Aspekt hin. Weiterhin entspricht zielorientiertes, strategisches Denken dieser Wandlungsphase. Störungen der Motorik und Sehstörungen sind typische *Symptome*, die bei Unausgewogenheit des Holz-Aspektes auftreten können.

Die Wandlungsphase Holz

Gewebe/Körperteil	Muskeln, Sehnen, Bänder
Körperflüssigkeit	Tränen
Körperöffnung	Augen
Sinnesorgan	Augen
Sinnesfunktion	Sehen, Schauen
Geschmack	Sauer
Äußere, körperliche Ausdrucksform	Nägel
Psychische Ausdrucksform	Ärger, Zorn, Wut, Reizbarkeit, Apathie, Aggression; Risikobereitschaft
Kraft	Fähigkeit zur Kontrolle, Selbstkontrolle
Verhalten bei Stress	Selbstbeherrschung und Kontrolle
Stimmhafter Ausdruck	Klar, deutlich, laut rufen

Holz und seine Ausdrucksformen beim Kind

Im Gleichgewicht	Im Ungleichgewicht
Anführer	Anstifter
Zielorientiertes, strategisches Denken, Tatendrang, Kreativität, Abenteuerlust, Entdeckerfreude	Alles kontrollieren wollen, ohne sich zu beteiligen, reizbar, destruktiv, unbeteiligt, beleidigt, interesselos, apathisch
Geschmeidige, federnde, harmonische Bewegungen, kontrollierter Umgang mit dem Körper, Bewegungsfreude, grobmotorisch geschickt	Gehemmt, stockend, verlangsamt, eckig, grobmotorisch ungeschickt
Gute räumliche Wahrnehmung und Orientierung	Mangelnde Raumorientierung und Eigenwahrnehmung *Symptome:* Gerötete Augen, Sehschwäche, Schlafstörungen, Verspannung und Verkrampfung im Kopf-, Nacken-, Schulterbereich, Krampfneigung, Schwindel mit Blutandrang zum Kopf, mangelnde Beweglichkeit, unsicherer Gang, motorische und sensible Störungen (insbesondere der unteren Extremitäten), Autoaggression (z.B. Nägelkauen), Bauchschmerzen

Die Wandlungsphase Feuer

Gewebe/Körperteil	Blutgefäße
Körperflüssigkeit	Blut, Schweiß
Körperöffnung	Ohren
Sinnesorgan	Zunge
Sinnesfunktion	Sprechen
Geschmack	Bitter
Äußere, körperliche Ausdrucksform	Gesichtsfarbe, Teint
Psychische Ausdrucksform	Freude, Glück, Begeisterung, Hingabe, Zärtlichkeit, Mut, Entschlossenheit, Stolz
Kraft	Fähigkeit zu Traurigkeit und Schmerz
Verhalten bei Stress	Traurigkeit und Kummer, Verwirrung
Stimmhafter Ausdruck	lebendig, ausdrucksvoll, lachend, kichernd

Feuer und seine Ausdrucksformen beim Kind

Im Gleichgewicht	Im Ungleichgewicht
»Sonnenschein«	Witzbold, Kasper
Assimilation von Gedanken und Ideen, Freude, begeisterungsfähig, fröhlich, liebevoll, wachsam, mitreißend, herzlich, empfindsam, aufgeschlossen, rasche Auffassungsgabe	ungeduldig, unruhig, leicht erregbar, misstrauisch, starke Stimmungsschwankungen, gestörte Informationsaufnahme; bloßstellender, ehrgeiziger Spielpartner
Deutliche, ruhige, sichere Sprache, differenzierte Kommunikation	Undeutliche Sprache, gestörter Sprachfluss *Symptome:* Sprechstörungen (z.B. Stottern), Kreislaufschwäche, rote Zungenspitze, hoch gezogene Schultern, verspannte Arme, verkrampfte Finger, Ohr- und Halsentzündungen, empfindlich reagierend auf minimale Temperaturschwankungen, hohes Fieber, Schlafstörungen, innere Unruhe

Die Wandlungsphase Erde

Gewebe/Körperteil	Binde- und Fettgewebe
Körperflüssigkeit	Verdauungssäfte
Körperöffnung	Mund/Schlund
Sinnesorgan	Mund
Sinnesfunktion	Schmecken
Geschmack	Süß
Äußere, körperliche Ausdrucksform	Lippen
Psychische Ausdrucksform	Sympathie, Mitleid, Mitgefühl, Freundlichkeit
Kraft	Fähigkeit aufzustoßen, Hartnäckigkeit
Verhalten bei Stress	Sturheit, Uneinsichtigkeit
Stimmhafter Ausdruck	Singen, jammern

Erde und seine Ausdrucksformen beim Kind

Im Gleichgewicht	Im Ungleichgewicht
Der stets Hilfsbereite	Der Übereifrige
Logisches Denken, gutes Gedächtnis, Abstraktionsfähigkeit, geordnete und logisch aufgebaute Gedanken, gute Konzentration	Kein Herstellen kausaler Zusammenhänge
Einen eigenen Standpunkt beziehen, zufrieden mit sich und der Welt, selbstsicher, offen, sichere Urteilsfähigkeit, aufgeschlossen, hilfsbereit, treu, geduldig	Unausgeglichen, unsicher, Selbstmitleid, zurückgezogen, zappelig, innerlich unruhig, meckern
Anschmiegsam, mag kuscheln, braucht und sucht Körperkontakt	Sucht Bestätigung und Zuneigung, übertriebene Großzügigkeit, einschmeichelndes Verhalten, Selbstmitleid, schwerfällig, tapsig, unsicher *Symptome:* Chronische Magen-Darmstörungen, Oberbauchschmerzen, blasse, trockene Lippen, Bänder-, Bindegewebsschwäche, blaue Flecken, entzündete Mundwinkel, Zuckerkrankheit, Nasennebenhöhlenentzündung, Ess-Störungen, Hypochondrie

Die Wandlungsphase Metall

Gewebe/Körperteil	Haut, Schleimhaut
Körperflüssigkeit	Schleim
Körperöffnung	Nase
Sinnesorgan	Nase
Sinnesfunktion	Riechen
Geschmack	Scharf, würzig, herb
Äußere, körperliche Ausdrucksform	Haut, Körperhaar
Psychische Ausdrucksform	Kummer, Trauer
Kraft	Fähigkeit zu husten (Unerwünschtes ablehnen, ausschließen)
Verhalten bei Stress	Verweigerung, Husten, Rückzug
Stimmhafter Ausdruck	Metallisch, näselnd, weinerlich

Metall und seine Ausdrucksformen beim Kind

Im Gleichgewicht	**Im Ungleichgewicht**
»Kleiner Professor«	Besserwisser
Analytisches, systematisches, differenziertes Denken, Blick für das Wesentliche, beharrlich, gründlich, klare Linie, taktvoll, diszipliniert, schnelle Auffassungsgabe, lernfähig, intuitives Erfassen	Übersteigerte Ordnungsliebe, zwanghaft, häufiges Seufzen, Rechthaberei, belehrend
Respektiert andere, tolerant	Blockierte Kontaktaufnahme, distanzlos, berechnend
	Symptome: Emotionale Zurückhaltung, Hautausschlag, Kopfschmerzen, Erkältungsneigung, Allergien, Asthma, Atemwegsinfektionen, trockene Nase, Nasenbluten, chronisch verstopfte Nase, Verstopfung, Durchfall

Die Wandlungsphase Wasser

Gewebe/Körperteil	Knochen, Zähne, Knochenmark
Körperflüssigkeit	Speichel
Körperöffnung	Harnröhre, After
Sinnesorgan	Ohren
Sinnesfunktion	Hören
Geschmack	Salzig
Äußere, körperliche Ausdrucksform	Kopfhaar, Zähne
Psychische Ausdrucksform	Furcht, Angst, Staunen
Kraft	Fähigkeit zu zittern (Freisetzen von angstvoller Energie und Spannung)
Verhalten bei Stress	Zittern, Erstarren, sich tot stellen
Stimmhafter Ausdruck	Seufzend, stöhnend, brummig

Wasser und seine Ausdrucksformen beim Kind

Im Gleichgewicht	Im Ungleichgewicht
»Pfiffiges Kerlchen«	»Mit allen Wassern gewaschen«
Willenskraft, Ehrgeiz, ruhig, ernsthaft, beständig, ausdauernd, sicheres Auftreten, zuhören, sich entspannen; Mut, sich auf Neues einzulassen, anpassungsfähig	Weg des geringsten Widerstands, übertriebenes Sicherheitsbedürfnis, introvertiert, empfindsam, stöhnen und jammern
Feinmotorische Fähigkeiten, gerade, aufrechte Haltung, entspannungsfähig	Verlangsamte Reaktion, schlechte Koordination
	Symptome: Rezidivierende Blasen- und Mittelohrentzündungen, Haarausfall, Knochenerkrankung, Fehlhaltung, Gleichgewichtsstörungen, schlechte Haltung, blasse Haut, Ringe unter den Augen, verfroren, Rückenbeschwerden, Bettnässen, Harndrang

Ausklang

Zum Ausklang möchten wir Ihnen die Möglichkeit geben, das bisher Gelesene nochmals ganz persönlich für sich selbst zu erleben. Nehmen Sie sich dazu etwas Zeit und lassen Sie sich in den *Spiel-Raum* führen:

Stellen Sie sich vor, Sie haben die Möglichkeit sich in einen Vogel zu verwandeln, in einen Vogel Ihrer Wahl. Kann sein, es geschieht einfach, oder Sie wählen bewusst – lassen Sie sich überraschen ...

Behutsam erproben Sie nun Ihre Flügel und erheben sich auf eine Ihnen angemessene Weise in die Luft, höher und höher – nach unten wird der Blick frei auf die Landschaften, die Sie überfliegen.

Sie fliegen weiter, bis Sie unter sich einen großen Park mit fünf Pavillons erkennen können. Jeder sieht anders aus und doch sind sie aufeinander bezogen – der in der Mitte ist ganz golden, der im Osten ganz grün, der im Süden ganz rot, der im Westen ganz weiß und der im Norden ganz blau.

Und während Sie auf diesen Park zufliegen, suchen Sie sich auch schon einen Ort, einen Baum, eine Anhöhe oder sonst etwas, von dem aus Sie diesen ganzen Park mit seinen verschiedenen Pavillons überblicken können – neugierig und gespannt, was es dort zu entdecken gibt. Sie können dabei Ihre Vogelgestalt behalten oder sich auch in Ihre menschliche Gestalt zurückverwandeln, ganz wie Sie möchten ...

Während Sie damit beschäftigt sind, sich an Ihrem Ort niederzulassen und ein wenig einzurichten, wird Ihnen bewusst: Sie sind im Hofpark der Kaiserin gelandet, im Zentrum des inneren und äußeren Reiches! Sie sind dort, um etwas über die Kräfte und Mächte zu erfahren, die dieses Reich zusammenhalten und regieren.

Und noch während Ihnen dies alles bewusst wird und Sie innerlich berührt, werden Sie gewahr, wie der Pavillon im Osten allmählich – und dann mehr und mehr – in einem grünen Licht erstrahlt, das aus seinem Inneren zu kommen scheint.

Aus diesem Licht sehen Sie zwei Gestalten hervortreten ... und die erste neigt ein wenig den Kopf vor Ihnen und spricht:

»Ich bin der oberste Planer und Stratege dieses Reiches – in Kriegszeiten auch der General. Ich sorge für Klarheit und Überblick im Wissen um das zur Zeit Mögliche und Nötige in diesem Reich, so dass die tragenden Staatsziele vor Augen bleiben und sich jeder daran orientieren kann.«

Darauf tritt die zweite Gestalt an seine Seite, verneigt sich und spricht:

»Ich achte darauf, dass alles in einem Zusammenhang betrachtet wird – die Vergangenheit, die Gegenwart und die Zukunft. Ich beobachte und berichte dem Strategen, damit die Planung sachgerecht erfolgen kann. Und ich bin für die Umsetzung zuständig, für die Ausführung mit all den kleinen und großen Details, die zu einem erfolgreichen Abschluss gehören. Auch das Abwägen des Für und Wider, das maßvolle Beurteilen und Entscheiden gehören in mein Ressort.«

Die beiden verneigen sich noch einmal und kehren zurück in ihren grünen Pavillon. Sein grünes Licht nimmt ab, erlischt ..., während Ihr Blick und Ihre Aufmerksamkeit von dem Pavillon im Süden angezogen werden. Er leuchtet in einem kräftigem Rot auf, und eine wahrhaft königliche Gestalt tritt hervor, eine goldene Schale in den Händen haltend – und Sie wissen tief in Ihrem Inneren: Das ist die Herrscherin des Reiches – im besten Sinne allen, die hier wohnen, dienende Regentin.

Sie hält die Schale hoch und spricht: »Ich verspreche dir, diese Schale leer und rein zu halten alle Zeit, so dass sie den Geist aufnehmen kann. So kannst du ihn spüren, und er wird dich leiten in allem, was in deinem Leben ansteht, jetzt und in Zukunft. Dieser Geist regiert dein Leben alle Tage ...«

Noch klingen Ihnen diese Worte in den Ohren, da treten drei weitere Gestalten aus dem rot leuchtenden Pavillon heraus. Es sind dies hohe Hofbeamte und Berater aus der nächsten Umgebung der Herrscherin – jeder mit einem besonderen Aufgabenbereich.

Der Erste tritt nun vor an die Seite der Herrscherin und spricht:

»Ich bin Botschafter und Beschützer der Herrscherin zugleich. Ich nehme alle negativen Einflüsse und Einwirkungen auf und helfe dadurch, die Schale rein und aufnahmebereit zu halten. Ich lebe mit der Herrscherin – bin Leibgarde und Kammerdiener in einem, zugleich der Übermittler ihrer Wärme, Freude und Liebe im ganzen Reich, bin klar in der Sprache, wärmend in allen Beziehungen zu anderen Menschen. Diese besondere Wärme und Nähe sind mir anvertraut.«

Und indem er sich verneigt, tritt der zweite Hofbeamte vor und gibt Auskunft: »Ich bin der Meister der Umwelt. Ich trage Sorge dafür, dass in deiner Umgebung die Wärme bereitgestellt wird, die du zum Leben brauchst. Ich kontrolliere Klima und Temperatur. Ich trage die Kraft des Herzens in alle Gegenden des Reiches und sorge für die gerechte Verteilung, so dass der Geist überall spürbar wird und bleibt.«

Und eben während dieser letzten Worte tritt der dritte Hofbeamte an die Seite der anderen und erhebt seine Stimme:

»Ich bin zuständig für die Verwandlung der Materie und Energie. Ich unterscheide zwischen rein und unrein in der Nahrung für Körper und Geist. Was dem Reich gut tut, wird aufgenommen, was schadet, wird abgestoßen und entfernt. So sondere ich aus, was von außen nach innen gelangen soll, damit das geistige Zentrum rein erhalten bleibt.«

Danach verneigen sich alle vier Bewohner des roten Pavillons noch einmal und kehren in sein Inneres zurück, während das rote Licht nachlässt – und schließlich verlischt.

Währenddessen beginnt um den Pavillon im Westen ein weißes Licht zu leuchten, heller und heller, bis es schließlich gleißend erstrahlt. Hervor tritt die oberste Hofbeamtin des Reiches, ganz in weiß gekleidet und spricht:

»Ich atme die Energie des Himmels ein und aus und sorge so für die Inspiration des ganzen Reiches – bis hin in jede Ecke, jede Gegend, jede lebende Zelle. Dieses Ein und Aus schafft zugleich Rhythmus und Ordnung, so wie es dem Geist des Himmels entspricht.«

Da tritt ein weiterer, weiß gekleideter Hofbeamter an ihre Seite mit den Worten:

»Mein Aufgabenbereich ist das Loslassen und Entfernen des Überlebten. Ich löse und entferne all das, was dem Geist des Reiches nicht oder nicht mehr förderlich ist. So unterstütze ich die erste Hofbeamtin in ihrem Tun, damit die Energie des Himmels ungehindert und in ihrem Rhythmus fließen kann.«

Und während diese Worte verklingen, neigen beide ihr Haupt und treten zurück in den weißen Pavillon des Westens – und das weiße Licht schwindet langsam.

Da wendet sich Ihr Blick nach Westen, wo der blaue Pavillon in blauem Licht erstrahlt. Heraus tritt auch hier eine Hofbeamtin, blau-schwarz gewandet und spricht: »Zuständig bin ich für das Wasser und seine Tiefen. Ich bin die Hüterin der Tradition und der Schätze des Lebens. Alles Wissen und Können aller Zeiten und Geschlechter sind bei mir versammelt und werden bei mir bewahrt. Aus all diesem speist sich meine Kraft des Wassers und meine Aufgabe ist es, sie weiter zu reichen von Generation zu Generation – ich halte sie in deinem Reich zugänglich und lebendig. Die Herrscherin des Reiches lässt meine Macht aus dem Wasser aufsteigen. Der Ruf des Geistes bewegt die Tiefe meiner Gewässer und bringt Weisheit hervor.«

Neben sie tritt nun ihr Sekretär und Helfer: »Ich schaffe Raum für diese Kraft der Tiefe, bin zuständig für ihre Lagerhaltung und Verwahrung. Von den Orten der Sammlung kann die Weisheit hervortreten und wirken.«

Beide ziehen sich daraufhin nach ihrem Abschiedsgruß zurück und das blaue Licht verschwindet nach und nach ...

Ihr Blick wendet sich nun hin zur Mitte, goldenes Licht wird rund um den goldenen Pavillon sichtbar. Heraus treten Arm in Arm und geschäftig zwei Hofbeamtinnen von besonderer Art.

Sie verneigen sich vor Ihnen und sprechen: »In der Mitte stehen wir – denn wir sind verantwortlich für den Informations- und Nahrungsfluss im Reich. Von uns hängt dein Wohlergehen und das des ganzen Reiches ab. Wir bringen zur Reife und ernten die Früchte des Lebens. Wir verteilen sie dort, wo sie gebraucht werden. In ständiger Bewegung unterstützen wir jede Zelle mit unserer Kraft, wir spenden Lebenskraft und stellen sicher, dass unterstützt wird, wer immer es im Reiche nötig hat. Wir sind sehr glücklich und zufrieden mit dieser Aufgabe und unserem Dasein. In der Mitte stehen wir, halten Verbindung und geben Unterstützung. Durch uns kommen alle Teile des Reiches zu ihrer Vollendung.«

Daraufhin erleuchten alle Pavillons in ihrem Licht, der grüne im Osten, der rote im Süden, der weiße im Westen, der blaue im Norden und der goldene im Zentrum. Auch die Hofbeamten und Beamtinnen der einzelnen Pavillons treten noch einmal hervor und verneigen sich vor der rot leuchtenden Herrscherin des Reiches und sprechen wie aus einem Munde: »Wir werden dir und deiner Aufgabe dienen mit all unseren Kräften, zu jeder Zeit.«

Darauf verneigt sich die Herrscherin ebenfalls und spricht: »Und mein Geist wird euch immer dienen.«

Vielleicht können Sie fühlen, dass es Zeit ist, sich Ihrerseits zu verneigen vor diesem – Ihrem – inneren Hofstaat, zum Dank für dessen Anwesenheit und Dienst. Langsam schwinden die Lichter und der Hofpark liegt still da wie bei Ihrer Ankunft.

Es wird Zeit für dieses Mal Abschied zu nehmen. Sie wissen, dass Sie wiederkommen können, wann immer Sie möchten, wann immer die Zeit dafür gekommen ist ...

Sie verwandeln sich noch einmal in die Gestalt eines Vogels, falls Sie es nicht geblieben waren, und mit einem letzten Abschiedsgruß erheben Sie sich in die Luft und fliegen zurück über die Landschaften, die Sie auf Ihrem Hinflug überquert haben, oder auch über andere, und Sie fliegen zurück an den Ort, von dem aus Sie aufgestiegen sind – lassen sich dort nieder – und haben genügend Zeit, sich in Ihre menschliche Gestalt zurückzuverwandeln – zum Ausruhen und Nachklingen – und Nachspüren des Erlebten.

Danke, dass Sie den *Spiel-Raum*
mit uns geteilt haben!

Nachwort

Dieses Buches möchte einen Beitrag zur geistigen Gesundheit von Kindern leisten. Viele Kinder weisen Verhaltensstörungen auf, die nicht selten mit Stress zusammenhängen. Da Stress oft mit der beruflichen Belastung in Verbindung gebracht wird – für viele Berufe ist er geradezu eine Berufskrankheit – könnte man zu dem Fehlschluss kommen, dass Kinder, die ja keinen Beruf ausüben, kaum Stress erleben. Dagegen zeigen viele Untersuchungen, dass dies nicht der Fall ist. Ebenso wie auf Erwachsene kann der Stress auch eine verheerende Wirkung auf Kinder haben. Selbst für Erwachsene, die sich ihres Stresses bewusst sind, dessen Ursachen analysieren und konkrete Schritte zur Stressbewältigung unternehmen können, gelingt häufig nicht der Abbau von Spannungen. Wie aber können Kinder dem Stress begegnen? Das vorliegende Buch gibt eine Antwort auf diese Frage.

Kinder können Stress mit einer Vielfalt von passenden Übungen und Spielen abbauen. Wie aber können solche Spiele zu dem gewünschten Erfolg führen? Um diese Frage beantworten zu können, ist es sinnvoll, sich die Grundpfeiler der Philosophie zu vergegenwärtigen, mit denen die Übungen und Spiele eng verknüpft sind. Diese Philosophie stammt aus Ostasien. Sie bildet die Grundlage der traditionellen chinesischen und japanischen Medizin. Sie ist sehr umfassend und im Grunde genommen stellt sie ein ganz anderes Weltbild dar als das abendländische.

Die abendländische Weltauffassung beruht auf einer Trennung zwischen der belebten und der unbelebten Natur. Sie gebraucht zwei verschiedene Begriffe, mit der sie die beiden Bereiche der Wirklichkeit bezeichnet, obwohl angenommen wird, dass beide Bereiche den gleichen Naturgesetzen gehorchen. Diese Auffassung steht im Gegensatz zu der fernöstlichen, der die Einheit aller Naturerscheinungen – d.h. sowohl der belebten als auch der unbelebten Natur – zugrundeliegt. In der fernöstlichen Weltauffassung ist alles den gleichen Kräften ausgesetzt, die den gleichen Gesetzen gehorchen. Daher kann ein einziges, allgemeines und universales Begriffssystem alle Welterscheinungen begreiflich machen. Es gibt genau fünf Begriffe, Wandlungsphasen oder Elemente genannt, die dies leisten.

Es werden fünf Naturerscheinungen fünf sozialen Tugenden zugeordnet. Folgende Übersicht mag dies veranschaulichen:

Naturerscheinung	Soziale Tugend
Holz	Güte
Feuer	Sittlichkeit
Erde	Aufrichtigkeit
Metall	Gerechtigkeit
Wasser	Weisheit

Diese Zuordnung ist zunächst unverständlich. Sie erinnert an die Zuordnung von Sternbildern und Tieren, die heute ebenso kaum noch nachvollzogen werden kann, weil sie in einem gewissen historischen, kulturellen Raum entstanden ist. In der Himmelsforschung spielt diese Zuordnung ja überhaupt keine Rolle. Ähnlich wie in der Lehre der Fünf Wandlungsphasen sollte aber das Fehlen von Transparenz hinsichtlich der Zuordnung kein Grund zur Zurückweisung der Lehre sein, da die Zuordnung an sich nicht entscheidend ist.

Alle Wandlungsphasen besitzen zwei Grundeigenschaften. Dies sind Wandlungsfähigkeit und Allgemeingültigkeit.

Geistige Gesundheit wird durch ein harmonisches Zusammenspiel der Wandlungsphasen ermöglicht. Auf der Grundlage dieses harmonischen Zusammenspiels meistern wir die Schwierigkeiten des Lebens. Dynamisches Gleichgewicht der Wandlungsphasen bedeutet seelisches Gleichgewicht.

Da die Lehre der Fünf Wandlungsphasen einen Anspruch auf Allgemeingültigkeit hat, erwartet man, ihr Gedankengut auch in den Naturwissenschaften wieder zu finden. Tatsächlich tauchen Ansätze in der Physik auf. Seit den 20er Jahren wissen wir, dass Mikroteilchen – z.B. Elektronen, Protonen, Atome und Moleküle – ganz anderen Bewegungsgesetzen gehorchen als makroskopische Körper wie Planeten, Billiardkugeln usw. Die Bewegungslehre der Mikroteilchen heißt *Quantenmechanik.* Die *Wellenmechanik* ist eine Formulierung der Quantenmechanik. Der Aufbau der Wellenmechanik und der Wandlungslehre sind wesensgleich. In der Wellenmechanik wird das Verhalten von Mikroteilchen durch die so genannte Wellenfunktion bestimmt, die wiederum durch eine Summe von Eigenfunktionen verschiedener Ausprägung bestimmt ist. In vielerlei Hinsicht ähneln die Wandlungsphasen diesen Eigenfunktionen.

- Ähnlich wie das physikalische Verhalten in der Wellenmechanik durch die Summe der Eigenfunktionen verschiedener Ausprägung bestimmt wird, hängt auch das menschliche Verhalten von der unterschiedlichen Ausprägung der Wandlungsphasen ab.
- Sowohl die Ausprägung der Eigenfunktionen in der Wellenmechanik als auch die Ausprägung der Wandlungsphasen sind zeitabhängig, während die Eigenfunktionen und die Wandlungsphasen unveränderlich sind.
- Die Außenwelt wirkt durch Kräfte, die sich als Änderungen der Ausprägung ausdrücken, ohne die Eigenfunktionen und die Wandlungsphasen zu verändern.
- In der Lehre von den Wandlungsphasen werden den Wandlungsphasen soziale Tugenden zugeordnet, während in der Wellenmechanik den Eigenfunktionen so genannte Eigenzustände zugeordnet werden.
- Während in der Wellenmechanik die Ausprägung einer Eigenfunktion als die Wahrscheinlichkeit für das Auftreten des Eigenzustandes gedeutet wird, hängt die Ausprägung der Wandlungsphasen mit dem Auftreten eines geistigen Gesundheitszustandes zusammen.

Der große Unterschied liegt in der Anzahl. Es gibt genau Fünf Wandlungsphasen. Dagegen gibt es physikalische Systeme mit weniger und Systeme mit mehr als fünf Eigenfunktionen. Viele Systeme besitzen sogar eine unendliche Anzahl von Eigenfunktionen. Die folgende Übersicht verdeutlicht den Zusammenhang im Aufbau zwischen der Wandlungslehre und der Wellenmechanik:

Wandlungslehre	Wellenmechanik
Soziale Tugend	Eigenzustand
Wandlungsphase	Eigenfunktion
Geistiger Gesundheitszustand	Wellenfunktion (physikalisches Verhalten)

Diese Übereinstimmung in der Begriffsbildung zwischen der unbelebten und belebten Materie ist verblüffend, vor allem wenn man bedenkt, dass die Lehre von den Wandlungsphasen schon von Lü Zi um ca. 645 n.Chr. entwickelt wurde, während die Wellenmechanik erst im Jahre 1928 Edwin Schrödinger beschrieben hat.

Der soziale Mensch muss über verschiedene Verhaltensweisen verfügen. Er muss situationsbedingt, d.h. angemessen auf äußere Einflüsse reagieren können. Gemäß der Lehre von den Wandlungsphasen treten Verhaltensstörungen auf, wenn sich die Wandlungsphasen nicht auf harmonische Weise verändern oder wenn eine Phase zu stark oder zu schwach ausgeprägt ist. Man darf nicht denken, dass die Lehre nur für Kinder, die Verhaltensstörungen aufweisen, von Bedeutung ist. Nichts könnte der Wahrheit ferner liegen. Im Gegenteil, es werden alle Kinder von den Erfahrungen, die die Übungen und Spiele ermöglichen, profitieren. Ich wünschte mir, dass meine eigenen Kinder die Möglichkeit hätten, sich in den *Spiel-Räumen* zu bewegen.

Der Schlüsselbegriff der Lehre scheint mir Ausgewogenheit zu sein. Dieser passt zu einem Grundsatz meiner persönlichen Lebensphilosophie, die da lautet: Alles kann zum Extremen geführt werden und Extreme sind immer schlecht. Der Lehre von den Fünf Wandlungsphasen entsprechend wird Heilung oder geistige Gesundheit durch die Wiedererlangung des dynamischen Gleichgewichts dieser Wandlungsphasen erreicht. Diese wiederum wird durch passende Übungen und Spiele erzielt. Es ist fast ein Wunder, dass diese Methode gerade mit Kindern, die den theoretischen Background dieser Philosophie gar nicht begreifen können, so erfolgreich ist. Dies ist ein Beweis für die Natürlichkeit, Richtigkeit und Überlegenheit der Lehre.

Dr. Charles McGruder III
Head, Physics and Astronomy
Western Kentucky University

Danksagung

Danken möchte ich meinen Kolleginnen und Mitarbeiterinnen, die sich von meiner Vision begeistern ließen und sich mit mir auf den Weg machten. Auch meiner Familie gilt mein großer Dank. Meinem Mann, der neben seiner zeitintensiven ärztlichen Praxis so viel Zeit in dieses gemeinsame Projekt investiert hat. Und meiner Tochter Yana, die mich durch ihr Dasein dazu inspirierte, die Arbeit mit Kindern aufzunehmen und die die wunderschönen Bilder auf den S. 33-37 (Bilder 1-5) im Alter von fünf und sechs Jahren gemalt hat (seitdem hat sich ihr Berufswunsch von »Straßensängerin« zur »Buchmalerin« verändert). Gedankt sei auch dem Team unserer Praxis, das ebenfalls viele Stunden vor dem Computer verbracht hat, um die Texte einzugeben, Vorschläge zu machen oder Textstellen zu diskutieren.

Karin Kalbantner-Wernicke

Das Buch entstand unter der Mitarbeit von

Susanne Löhner-Jokisch, Erzieherin und Shiatsu-Lehrerin (GSD)
Bettye-Jo Wray-Fears, Baccalaureate of Science in Psychology und Shiatsu-Lehrerin
Thomas Wernicke, Arzt für Naturheilverfahren und Akupunktur, Zusatzausbildung zur Therapie infantiler cerebraler Störungen

Über Anregungen und Ideen freuen wir uns sehr. Wenden Sie sich bitte an die unten stehende Adresse:

Institut für Shiatsu und Orientalmedizin
Alte Dorfgasse 13
65239 Hochheim-Massenheim